济南市人工智能产业创新报告

主 编 李 倩 刘 远
副主编 王云中 李 琰 赵友磊 赵 林

知识产权出版社
全国百佳图书出版单位
—北京—

图书在版编目（CIP）数据

济南市人工智能产业创新报告／李倩，刘远主编；王云中等副主编. —北京：知识产权出版社，2023.9

ISBN 978-7-5130-8843-5

Ⅰ.①济… Ⅱ.①李…②刘…③王… Ⅲ.①人工智能-产业发展-研究报告-济南 Ⅳ.①F492.3

中国国家版本馆 CIP 数据核字（2023）第 137779 号

内容提要

本书通过对全球及中国人工智能产业专利数据的采集与分析，对产业结构、技术研发重点及热点进行分析，对济南市人工智能产业的创新环境、产业结构、技术创新能力、企业创新实力、创新人才储备和专利运营实力等进行定位，为济南市人工智能产业布局结构优化、企业整合培育引进、技术创新引进提升、专利协同运用和市场运营等发展路径提出建议。

本书适合人工智能产业相关主管部门和企业的管理者、相关研究者阅读。

责任编辑： 安耀东　　　　　　**责任印制：** 孙婷婷

济南市人工智能产业创新报告
JINAN SHI RENGONG ZHINENG CHANYE CHUANGXIN BAOGAO

李　倩　刘　远　主编　　王云中　李　琰　赵友磊　赵　林　副主编

出版发行：知识产权出版社有限责任公司		网　　址：http：//www.ipph.cn
电　　话：010-82004826		http：//www.laichushu.com
社　　址：北京市海淀区气象路 50 号院		邮　　编：100081
责编电话：010-82000860 转 8534		责编邮箱：laichushu@cnipr.com
发行电话：010-82000860 转 8101		发行传真：010-82000893
印　　刷：北京中献拓方科技发展有限公司		经　　销：新华书店、各大网上书店及相关专业书店
开　　本：720mm×1000mm　1／16		印　　张：9.25
版　　次：2023 年 9 月第 1 版		印　　次：2023 年 9 月第 1 次印刷
字　　数：152 千字		定　　价：78.00 元

ISBN 978-7-5130-8843-5

编委会

前　言

人工智能是指使用机器代替人类实现认知、识别、分析和决策等功能，是研究、模拟人类智能的理论、方法、技术及应用系统的一门技术科学，其本质是对人的意识和思想的信息过程的模拟。人工智能是一种尖端技术，是新一轮科技革命和产业变革的重要驱动力量，它给经济、政治和社会等带来了颠覆性的影响。❶

一、人工智能产业发展现状

1. 全球人工智能产业发展现状

全球范围内人工智能产业发展水平，美国位列第一梯队，中国与日本、英国、以色列和法国等构成第二梯队。其中，美国基于其强大的技术积累与人才优势，主要布局通用型、核心性人工智能理论和技术；英国侧重智能能源技术领域研究；日本则在脑信息通信技术方面较为领先。全球人工智能产业中代表性的企业有谷歌、英特尔、微软和亚马逊等跨国大型科技企业。

在政策导向方面，美国国防部于 2018 年 4 月制定了国防人工智能战略，美国把人工智能全面上升为国家战略；欧盟在 2018 年 5 月发布《欧盟人工智能战略》，提出在 2020 年前对人工智能领域的投资增加到 20 亿欧元，并将发展人工智能技术和产业能力、建立人工智能教育与培训体系、构建相适应的人工智能伦理与法律框架作为欧盟发展人工智能的三大战略支柱。2018 年，德国发布《人工智能战略》，依托德国人工智能研究中心推动工业 4.0 与人工

---

❶　全球人工智能产业发展现状及发展趋势浅析［EB/OL］.（2021-11-09）［2022-02-21］. http://vr. sina. com. cn/2021-11-09/doc-iktzqtyu6232259. shtml.

智能技术充分融合。英国于 2018 年 4 月发布《人工智能领域行动》计划，目标是主导全球人工智能数据伦理，建立人工智能应用和发展的国际准则。

2. 中国人工智能产业发展现状

我国人工智能产业发展起步较晚，与以美国为代表的发达国家相比还有一定差距，但我国在人工智能领域的发展上有独特优势，如稳定的发展环境、充足的人才储备、丰富的应用场景等。

自 2015 年开始，中国人工智能市场规模逐年扩大。国务院于 2017 年印发的《新一代人工智能发展规划》提出，2025 年，人工智能核心产业规模超过 4000 亿元；2030 年，人工智能理论、技术与应用总体达到世界领先水平，核心产业规模超过 1 万亿元。

我国人工智能产业形成以京津冀地区、长三角地区、珠三角地区协同发展的格局，尤其以东部沿海地区为重点部署区域。

在政策导向方面，我国相继出台多项政策推动人工智能的发展，促进人工智能与传统产业相融合。2019 年，"人工智能"第三年出现在全国两会上的《政府工作报告》中。2017 年、2018 年分别提出"加快人工智能等技术研发和转化""加强新一代人工智能应用"后，2019 年《政府工作报告》提出了"深化大数据、人工智能等研发应用"。

3. 济南市人工智能产业发展现状

根据《2020 年中国城市人工智能发展指数报告》，截至 2020 年一季度，济南市（第 11 位）处于我国人工智能发展的第二梯队。

济南市形成了从基础支撑、软件算法到行业应用较为完整的人工智能产业链，全市人工智能产业链规模以上企业 180 余家，带动相关产业规模超过 650 亿元。

在产业政策方面，济南市政府持续加大政策扶持力度，推动人工智能产业载体平台和配套基础设施建设和深度融合应用，促进全市经济智能化升级。

虽然济南市在人工智能算法和应用方面发展迅猛，但产业基础支撑和技术支撑仍然较弱。与北京、上海、广州和深圳等人工智能发展迅速的城市相比，济南市人工智能领域企业大都以人工智能行业应用为主，真正具备基础算法和通用智能软件研发的行业领军企业比较优势尚不明显，部分重点软件企业人工智能技术后劲不足。

二、人工智能产业专利导航

1. 人工智能产业发展方向

近十年人工智能产业的研发侧重已由技术层转向应用层，且专利布局总体呈现由美日等发达国家或地区向中国和其他国家或地区转移的趋势。美国、韩国和日本一直深耕人工智能技术层领域，而在基础层领域年专利申请基本保持稳定。中国的人工智能技术发展较晚，基础层、技术层与应用层三个领域的专利数量均呈现持续增长趋势，近五年专利量快速增长。

全球主要龙头企业各自的产业结构调整方向不同，龙头企业国际商业机器公司（International Business Machine Corp.，IBM）、三星电子、日立株式会社、国家电网和东芝株式会社研发的重点均是技术层，其中三星电子在不断加强技术层领域的专利布局，产业研发侧重技术层；国家电网在应用层的专利布局量不断加大，应用层也成为国家电网研发的重点领域。

人工智能产业国外重点研发方向是技术层，而中国侧重应用层。从细分领域来看，基础层：智能传感器是国外重点研发方向，中国重点研发方向是算法和处理器芯片；技术层：国内外研发的重点均是感知与获取技术；应用层：智能机器人是国内外研发的重点。

人工智能产业近年来国内外研发的热点均是应用层。从细分领域来看，基础层：国外研发热点方向是算法和处理器芯片，中国热点方向是云计算和算法；技术层：国内外研究热点方向均为机器学习；应用层：国内外研究热点是智能无人机。

从龙头企业的研发重点与热点来看，技术层是当前各企业技术研发的首要方向，其中国家电网在应用层的专利申请量与技术层的基本相当。日立和东芝在人工智能产业专利布局较早，但近五年专利申请量不足10%，研发力度减弱。从细分领域来看，在技术层方面国外企业注重处理器芯片的研发，国家电网的研发重点是智能传感器领域。

从专利协同创新来看，国外专利合作的重点方向是技术层，中国专利合作的重点方向是应用层。

从新进入者研发热点来看，云计算与处理器芯片是基础层的研发热点；感知与获取、机器学习是技术层的研发热点；智能机器人、智能无人机是应用层的研发热点。

从专利运营重点来看，中国本土应用层专利运营量最大，国外来华技术层专利运营量最大。

2. 济南市人工智能产业发展定位

济南市人工智能产业基础层的专利申请量为山东省的41%，占中国本土的2.1%；技术层的专利申请量为山东省的37.5%，占中国本土的1.4%；应用层的专利申请量为山东省的27.4%，占中国本土的1.4%。基础层，全球及主要发达国家的专利申请偏重智能传感器领域，中国的专利申请偏重算法领域，山东省的专利申请偏重处理器芯片领域，济南市则偏重云计算方面；技术层，济南市专利申请均偏重感知与获取技术方面；应用层，济南市专利申请均偏重智能机器人方面。

济南市人工智能产业整体排名第15位，其中，基础层的专利产出在全国排名第13位，技术层的专利产出处于第16位，应用层则居于第20位。从细分领域来看，基础层，云计算技术较为领先，排名第8位；技术层，知识与推理较为领先，排名第10位；应用层，智能装备排名第10位。其他细分技术领域专利申请排名均在10名以外。

济南市人工智能产业企业创新能力整体排名第17位，其中，基础层的专利产出在全国排名第10位，技术层的专利产出处于第15位，应用层则居于第25位，落后于技术创新能力排名，可见应用层企业的研发实力相对较弱。从细分领域来看，算法领域，各技术领域排名在第10名左右；处理芯片中NPU与CPU排名较为领先；智能识别排名相对落后；机器学习和知识与推理各技术领域排名在第10名左右；智能机器人领域排名较为靠后。

济南市在基础层、技术层和应用层领域发明人数相差不大，排名相当，分别排名第14位、第14位和第16位，处于中上游位置。

济南市位于人工智能产业专利运营排第10名，共计运营专利1410件，所属专利申请人类型也以企业为主，占比和北京市相当，大专院校专利运营量相对欠缺。

三、济南市人工智能产业发展路径导航

1. 产业布局结构优化路径

（1）强化产业链优势。基础层和技术层的研发是人工智能产业可持续发展的基石，下一步产业的发展应继续保持现有产业链优势，促进龙头企业做大做强和平台化发展，鼓励企业积极开展国际技术合作、开拓国际市场，支持龙头企业通过兼并、收购和参股等多种形式开展投资并购，走上多极化产业发展之路。从供需两端发力，贯通技术攻关、平台支撑、示范应用等环节，优化使用环境，推动品牌向上发展，全面提升产业链竞争力。

（2）弥补产业链劣势。济南市人工智能产业应用层在全国排名相对偏后，存在人工智能产业链下游延伸不够、龙头企业带动力不足等问题。应汇聚政、产、学、研、用创新资源，对应用层领域企业加大招商引资力度，优先吸引头部企业落户济南，从而带动本地人工智能产业的发展，补强产业链，打造人工智能发展新高地。

2. 技术创新引进提升路径

（1）领先技术的提升路径。济南市人工智能产业云计算技术在全国市级排名第 8 位；处理器芯片全国排名第 12 位；知识与推理全国排名第 10 位；智能装备全国排名第 10 位。济南市在这些技术领域具有一定技术创新优势。对领先技术需要采取激励政策鼓励当地龙头企业（如浪潮集团等）继续开展自主研发和创新，进一步提升企业自主创新能力。

（2）重点技术的赶超路径。济南市人工智能产业的重点发展技术包含智能传感器、算法、机器学习和智能机器人等。为了实现重点技术的快速赶超，可以从以下几个方面发力：一是加强对同类竞争者的了解，寻求技术创新方向的突破，实现技术赶超；二是考虑企业与其他申请人的协同创新，加强产学研合作，通过协同创新提升技术研发水平。

3. 企业整合培育引进路径

为提升企业的竞争力，政府要加强对企业创新的政策支持；企业自身要通过自主创新或技术引进、人才引进甚至是外部联盟、并购等方式强化企业

的核心竞争力。从补齐产业链的角度考虑，济南市需要通过企业引进或合作的方式，增强技术竞争实力。为更好地把控技术研发创新方向，避免重复研发和侵权风险，还需要对国内外相关领域龙头企业的技术研发创新进行跟踪分析。

4. 创新人才引进培养路径

对于创新人才的培养，要利用济南市的高校优势，一方面通过实行产学研模式，鼓励高校、企业联合培养。可以深入高校科研院所招纳专业人才到企业从事科技创新工作，也可以选送企业技术人才到对口大学进行深造学习，实现人才的可持续发展。另一方面，除产学研模式以外，企业也可以在现有的人才基础上加强人才的管理与选拔，提升研发队伍实力，包括建立公平公正的人才选拔机制，创造良好的就业环境，以及营造良好的管理文化氛围等。

在人才引进方面要注重拓宽人才引进渠道，除了通过走进高校、科研院所，积极引进技术学科带头人，吸引高端技术人才来济南以外，还可以通过建成以资源共享为核心的网络人才整合平台，结合大数据产业推进人才的引进与选拔。

5. 专利协同运用和市场运营路径

（1）专利协同创新提升途径。在人工智能产业及分支领域，济南市可考虑协同创新的中国高校（省外）包括浙江大学、北京航空航天大学、清华大学、天津大学、电子科技大学、西安电子科技大学、华南理工大学等；可合作的中国科研机构包括深圳先进技术研究院、中国电力科学研究院、中国运载火箭技术研究院、广东省智能制造研究所、北京计算机技术及应用研究所等。济南市可考虑合作申请的省内科研院校包括山东大学、山东科技大学、济南大学、中国石油大学（华东）和山东理工大学等。

（2）专利市场运营优化路径。济南市可采取的措施包括培育人工智能核心专利、培养或引进知识产权专业运营人才、创建人工智能知识产权运营平台、建立人工智能知识产权运营模式等。

目　录

第1章 人工智能产业研究概况

1.1 人工智能产业发展现状分析

1956 年，人工智能（artificial intelligence，AI）的概念在首届人工智能大会上正式确立。作为计算机科学的一个分支，人工智能属于一个新的数字化领域，是研究和开发用于模拟、延伸以及扩展人的智能的理论、方法、技术与应用系统的一门新的技术科学。❶ 人工智能使用机器对人的意识和思想的信息过程进行模拟，从而代替人类实现认知、分析和决策等功能。目前，人工智能正在加快与各行各业快速融合，助力传统行业转型升级、提质增效，在全球范围内引发全新的产业浪潮。❷

1.1.1 全球人工智能产业发展现状

1.1.1.1 产业现状

目前，全球人工智能产业依据产业链上下游关系，可以将人工智能划分为上游基础层、中游技术层和下游应用层。其中，基础层主要为人工智能提供数据及算力支持，包括 AI 芯片、数据资源、云计算平台等硬件及软件。

技术层是人工智能产业发展的核心，主要是研究各类感知技术与深度学

---

❶ 百度百科.人工智能［R/OL］. (2021-12-10)［2021-12-10］. https://baike. baidu. com/item/% E4% BA% BA% E5% B7% A5% E6% 99% BA% E8% 83% BD/9180? fr=aladdin.

❷ 快科技官方百家号.人大代表刘庆峰呼吁:加速推进多领域 AI 新基建［R/OL］. (2020-05-25)［2021-12-10］. https://baijiahao. baidu. com/s? id=166764387098160859 1&wfr=spider&for=pc.

习技术，并基于研究成果实现人工智能的商业化构建，主要包括计算机视觉、语音识别、自然语言处理、机器学习等。其中，计算机视觉既是人工智能的核心技术之一，也是人工智能发展应用的重要驱动力。❶

下游应用层是人工智能产业的延伸，集成一类或多类人工智能基础应用技术，面向特定应用场景需求形成软硬件产品或解决方案。其主要包括行业解决方案（"AI+"）和热门产品（智能汽车、机器人、智能家居、可穿戴设备等）。❷ 图 1.1 是人工智能产业链分布情况。

根据《2020 全球人工智能创新指数报告》中人工智能创新指数总得分排名可得出：全球范围内，美国独列人工智能第一梯队；中国位列第二位，与韩国、加拿大、德国、英国等 13 个国家构成第二梯队。其中，美国基于其强大的技术积累与人才优势，主要布局通用型、核心性 AI 理论和技术；欧盟、英国等侧重智能能源技术领域研究；日本则在脑信息通信技术方面较为领先。表 1.1 揭示了主要国家或地区人工智能各领域的重点研发布局情况。

（1）产业规模。

据中国信息通信研究院《2020 年全球人工智能产业地图》的数据，全球人工智能产业规模达到 1565 亿美元，同比增长 12.3%，但由于新冠肺炎疫情影响，增速低于 2019 年。

①基础层。目前，基础层产业仍是全球新一代人工智能产业的核心引擎。数据显示，2018 年全球基础层产业规模达到 111.1 亿美元，初步统计 2019 年产业规模达到 142.3 亿美元。据当时的估计，到 2022 年，全球新一代人工智能基础层产业规模将突破 340 亿美元。据中商情报网公布的数据，2019 年全球人工智能芯片市场规模达 110 亿美元，2020 年全球人工智能芯片市场规模约为 175 亿美元，2025 年全球人工智能芯片市场规模有望突破 720 亿美元。

❶ 中商产业研究院. 中国人工智能行业市场前景及投资研究报告［J/OL］. 电器工业 2020，12（26）：38 - 50［2021 - 12 - 10］. http://www.cnki.com.cn/Article/CJFDTotal - DQ-GY202012016. htm.

❷ 雪球. 人工智能产业链史上最全分析［EB/OL］.（2021 - 05 - 21）［2021 - 12 - 10］. ht-tps://xueqiu.com/1866014742/180495412？ivk_sa = 1024320u.

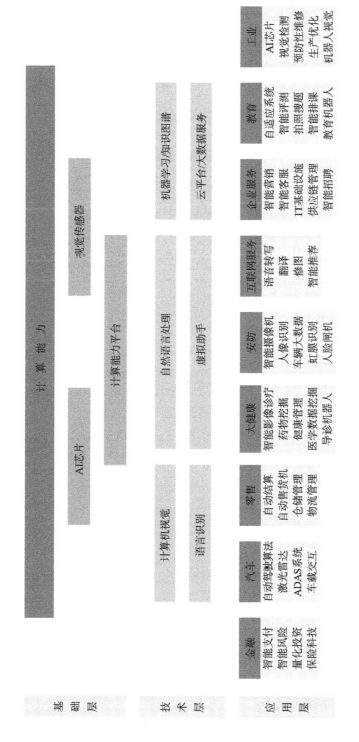

图 1.1　人工智能产业链分布情况

资料来源：中商产业研究院. 中国人工智能行业市场前景及投资研究报告 [J]. 电器工业 2020, 12（26）：38~50.

②技术层。技术层是人工智能产业发展的核心，目前人工智能已经成为世界各国竞相争夺的技术制高点，过去十年中各种领域 AI 应用取得巨大进展。数据显示，2018 年全球新一代人工智能技术层产业规模达到 172.3 亿美元。随着技术层逐步从科研、国防、医疗等专用领域走入工作与生活的消费级场景应用，据当时的估计 2022 年产业规模会突破 400 亿美元。

表 1.1 主要国家或地区人工智能各领域的重点研发布局情况

分类	美国	欧盟	英国	日本
数据科学—机器学习	✓	✓	✓	
智能传感—智能感知	✓			
图像识别	✓			✓
语音识别	✓			✓
自然语言处理	✓			✓
知识图谱	✓			✓
通用 AI	✓			
人机协作（交互、通用、语言等）	✓			
类脑科学	✓	✓		✓
机器人	✓	✓	✓	✓
无人机	✓	✓		
自动驾驶	✓	✓	✓	✓
AI 芯片	✓	✓		
智能基础软件（操作系统等）	✓			
智能化基础设施（网络、计算等）	✓	✓		✓
公共数据集和环境	✓	✓	✓	✓
可解释的 AI（伦理道德、评估等）	✓	✓	✓	✓
智能能源技术		✓	✓	
安全	✓			
开源开放平台	✓			

资料来源：中商产业研究院. 中国人工智能行业市场前景及投资研究报告 [J]. 电器工业 2020，12（26）：38-50.

注："√"表示在该领域有布局。

③应用层。近年来，在全球产业智能化发展的趋势下，金融、专业服务、零售等行业和政府投入规模加大，工业、医疗、电信和广告等领域快速增长，产业智能推动了人工智能应用场景更加丰富。随着人工智能的应用越来越广泛，应用层产业规模也在不断扩大。中国电子学会当时数据显示，2019 年人工智能产业规模达 360.5 亿美元。据当时的估计，2022 年全球人工智能应用层产业规模为 854.6 亿美元。❶

（2）龙头企业链分析。

近年来，人工智能在北美洲、亚洲、欧洲地区发展如火如荼。北美、亚洲和欧洲是全球人工智能发展最为迅速的地区，其中美国人工智能企业占据市场较大份额。截至 2019 年年底，北美地区共有 2472 家人工智能活跃企业，超级独角兽（超级独角兽指的是估值超过 100 亿美元的企业）企业 78 家；亚洲地区活跃人工智能企业 1667 家，超级独角兽企业 8 家；欧洲地区活跃人工智能企业 1149 家，超级独角兽企业 8 家。❷

目前，全球新一代人工智能产业依赖强大的技术创新积累优势，以谷歌、英特尔、微软和亚马逊等跨国大型科技企业为主导。其中，具有综合数据优势的互联网企业如谷歌、百度等，全面布局人工智能行业。基于场景的互联网企业如脸书、苹果、亚马逊、阿里巴巴和腾讯科技（深圳）等，将人工智能与自身业务深度结合，不断提升产品功能和用户体验；传统科技巨头企业如 IBM、微软等，面向企业级用户搭建智能平台系统。❸

①基础层。由于创新难度大、技术和资金壁垒高等特点，底层基础技术和高端产品市场主要被欧、美、日、韩等少数国际巨头垄断。具体而言，在 AI 芯片领域，国际科技巨头已基本构建产业生态，在全球市场有 NVIDIA 的 GPU、谷歌的 TPU、英特尔的 NNP 和 VPU、IBM 的 TrueNorth、ARM 的 Dy-

---

❶　中商产业研究院. 2020 年中国人工智能行业市场前景及投资研究报告［EB/OL］.（2020-10-10）［2021-12-10］. https://wenku. baidu. com/view/6556bb18ce22bcd126fff705cc1 7552706225e02. html.

❷　前瞻产业研究院. 2020 年全球人工智能行业市场现状及竞争格局分析 美国企业占据较大市场份额［EB/OL］.（2020-10-28）［2021-12-10］. https://www. sohu. com/a/ 427921277_473133.

❸　人工智能 AI. 2020 年全球人工智能市场规模与发展前景分析,2030 年有望达 15.7 万亿美元.［EB/OL］.（2020-10-28）［2021-12-10］. https://caifuhao. eastmoney. com/news/ 20200831150808764317390.

namIQ、高通的骁龙系列、Imagination 的 Power VR GPU 等主流企业产品[1]；在云计算领域，服务器虚拟化、网络技术、开发语音等核心技术被掌握在亚马逊、微软等少数国外科技巨头手中；在智能传感器领域，欧洲（BOSCH，ABB）、美国（霍尼韦尔）等国家或地区全面布局传感器多种产品类型，而在中国也涌现了诸如汇顶科技的指纹传感器等产品。[2]

②技术层。机器学习算法是人工智能的热点，开源框架成为国际科技巨头和独角兽布局的重点。目前，国际上广泛使用的开源框架包括谷歌的 TensorFlow、脸书的 Torchnet 和微软的 DMTK 等，美国仍是该领域发展水平最高的国家[3]；计算机视觉技术方面，领先企业有亚马逊、谷歌、微软、脸书等大型企业；智能语音技术方面，目前智能语音技术在用户终端上的应用最为火热，如苹果的 Siri、微软 PC 端的 Cortana、移动端的微软小冰、谷歌的 GoogleNow、亚马逊的 Echo 都是家喻户晓的产品应用；自然语言处理方面，目前已经有许多相关的成熟技术应用产品，如美国的亚马逊、脸书及中国的字节跳动等公司利用自然语言技术实现旗下购物网站、社交平台或新闻平台的产品评论、社区评论和新闻文章主题分类与情感分析等功能；在基础平台方面，美国有 Korea.ai、Lingumatics 等，中国有百度云、腾讯文智、语言云等。

③应用层。以谷歌、亚马逊、苹果、脸书、IBM 和微软为代表的国外科技巨头，投入巨资布局以抢占先机。国内科技企业纷纷布局人工智能产业。百度已形成较完整的人工智能技术布局；阿里巴巴凭借电商、支付和云服务的资源优势与人工智能技术深度融合；腾讯科技（深圳）凭借社交优势在 AI 领域布局覆盖医疗、零售、安防和金融等众多行业。此外，中国初创公司商汤科技、旷视科技、依图科技、云从科技等也在人工智能细分领域有所研究。[4]

❶ 王晨.2019 人工智能行业研究报告［EB/OL］.（2020-01-02）［2021-12-10］.https://zhuanlan.zhihu.com/p/86210316.

❷ 博思智能教育.人工智能产业发展深度报告：格局、潜力与展望［EB/OL］.（2020-07-07）［2021-12-10］.https://www.sohu.com/a/406150190_120159749.

❸ 博思智能教育.人工智能产业发展深度报告：格局、潜力与展望［EB/OL］.（2020-07-07）［2021-12-10］.https://www.sohu.com/a/406150190_120159749.

❹ 同花顺财经.人工智能正与各行业快速融合 哪些产品在市场最吃香［EB/OL］.（2019-09-26）［2021-12-10］.https://baijiahao.baidu.com/s? id=1645733380366932421&wfr=spider&for=pc.

1.1.1.2 主要国家政策环境

人工智能正在成为影响未来社会最重要的技术领域。自 2013 年以来，包括美国、中国、欧盟、英国、日本等 20 多个国家和地区发布了人工智能相关战略、规划或重大计划，助力人工智能的创新与发展。

美国早在 2013 年就发布了多项人工智能战略规划，随后发布了《为人工智能的未来做好准备》《国家人工智能研究与发展战略规划》等多个重要的人工智能发展战略文件。美国国防部也于 2018 年 4 月制定了国防人工智能战略。

欧盟在 2018 年 5 月发布《欧盟人工智能战略》，提出在 2020 年前将人工智能领域投资增加到 20 亿欧元，发展人工智能技术和产业能力、建立人工智能教育与培训体系、构建相适应的人工智能伦理与法律框架作为欧盟发展人工智能的三大战略支柱。德国在 2013 年发布并执行了"工业 4.0"计划，其中人工智能是该计划的核心内容；2018 年，德国发布《人工智能战略》，依托德国人工智能研究中心推动工业 4.0 与人工智能技术充分融合。英国于 2018 年 4 月发布《人工智能领域行动》计划，目标是主导全球人工智能数据伦理，建立人工智能应用和发展的国际准则。❶ 表 1.2 列举了 2013—2020 年全球主要经济体人工智能战略发布情况。

表 1.2 2013—2020 年全球主要经济体人工智能战略发布情况

国家或地区	2013 年	2014 年	2015 年	2016 年	2017 年	2018 年	2019 年	2020 年
美国	国家机器人计划			国家人工智能研究与发展战略规划	人工智能与国家安全	成立人工智能专门委员会、自动驾驶政策 3.0、人工智能安全委员会法案	美国 AI 计划、美国 AI 研究与发展规划、维护美国 AI 领导力行政命令	巩固美国人工智能的领导地位；人工智能研究与开发

---

❶ 陶翔,张毅菁,任晓波. 全球视野下的人工智能:趋势、影响和挑战[J/OL].竞争情报,2019,15(3):2-11[2021-12-10].http://www.cnki.com.cn/Article/CJFDTotal-JZQB201903003.htm.

续表

国家或地区	2013 年	2014 年	2015 年	2016 年	2017 年	2018 年	2019 年	2020 年
法国	法国机器人发展计划				人工智能战略	人工智能政策文件		人工智能白皮书
欧盟	人脑计划	机器人研发计划		机器人技术路线报告		AI 合作宣言、人工智能伦理指南		
英国		RAS2020机器人和自主系统		机器人技术与人工智能		人工智能领域行动		
日本			机器人新战略	AI 大数据等综合项目	人工智能产业路线图			
德国	"工业4.0"计划		自动与互联汽车战略			联邦政府人工智能战略要点		
中国			中国制造2025 "互联网+"战略		新一代 AI发展规划AI 三年行动计划	新一代 AI产业创新重点任务工作方案	新一代 AI开放创新平台建设工作指引	
韩国				智能信息社会战略			人工智能国家战略	
加拿大					加拿大人工智能战略			
新加坡					国家人工智能计划			

国家或地区	2013 年	2014 年	2015 年	2016 年	2017 年	2018 年	2019 年	2020 年
阿联酋					人工智能战略			
印度					讨论稿	国家人工智能战略（讨论篇）		
瑞典						人工智能的国家方法		
西班牙							人工智能研究、发展与创新战略	
丹麦							人工智能国家战略	
俄罗斯							人工智能国家战略	多领域人工智能应用路线图

资料来源：前瞻产业研究院 . 2020 年全球人工智能行业市场现状、竞争格局及发展前景分析未来市场规模高速增长 ［EB/OL］. (2021-02-26)［2021-12-10］. https://www.sohu.com/a/452815965_120868906.

1.1.2　中国人工智能产业发展现状

1.1.2.1　产业现状

我国人工智能发展起步较晚，与以美国为主的发达国家相比还有一定差距，但我国在人工智能领域的发展上有独特优势，如稳定的发展环境、充足的人才储备、丰富的应用场景等。我国人工智能产业发展势头良好、空间巨大。

（1）产业规模。

从市场规模来看，自 2015 年开始，中国人工智能市场规模逐年攀升。数据显示，2018 年中国人工智能市场规模约为 339 亿元，增长率达到 56.2%。据当时估算，2019 年，中国在人工智能的市场规模约 500 亿元，2020 年，市场规模可突破 700 亿元。❶

国务院印发的《新一代人工智能发展规划》提出，2020 年，人工智能总体技术和应用与世界先进水平同步，核心产业规模超过 1500 亿元；2025 年，人工智能核心产业规模超过 4000 亿元；2030 年，人工智能理论、技术与应用总体达到世界领先水平，核心产业规模超过 1 万亿元。随着政策的进一步推动及技术的进一步成熟，人工智能产业落地速度将明显提速。

①基础层。基础层作为人工智能产业的基础，近年来发展十分迅速。随着国家不断加大智能芯片、智能传感器等基础层技术攻关与资金支持，未来，人工智能基础层产业规模将迅速扩大。

数据显示，2018 年我国新一代人工智能基础层产业规模达到 16.6 亿美元，据当时的估计，2019 年产业规模接近 20 亿美元，2022 年我国新一代人工智能基础层产业规模约 35.2 亿美元。

②技术层。近年来，我国人工智能技术研究不断向前推进，多种核心技术取得突破并发展至世界先进水平。如 2006 年深度学习算法被提出来，2012 年以来，深度学习算法在语音和视觉识别上实现了突破，使人工智能产业落地和商业化发展成为可能。据当时预测，2022 年我国新一代人工智能技术层产业规模约 40.5 亿美元。

③应用层。全球各国对人工智能的扶持加快了产业转型升级的速度，各行各业开始研究人工智能，"AI+"行业应用越来越多。我国在制造、交通、金融、医疗和教育等传统行业的发展与发达国家相对而言，产业发展程度和基础设施水平都有较大的改造和提升空间，这为新一代人工智能应用层产业加速落地提供了广阔的市场。据当时预测，2022 年我国新一代人工智能应用

❶ 中商产业研究院．中国人工智能产业"十四五"展望：市场空间潜力巨大（图）[EB/OL]．（2019-10-23）[2021-12-10]．https：//www．askci．com/news/chanye/20191023/1612461154084．shtml．

层产业规模约 161 亿美元。❶

随着我国人工智能市场快速发展，各地积极进行产业布局。整体来看，我国人工智能产业形成以京津冀地区、长三角地区、珠三角地区协同发展的格局，尤其以东部沿海地区为重点部署区域。❷《中国新一代人工智能发展报告 2020》指出，京津冀、长三角和粤港澳大湾区已成为我国人工智能发展的三大区域性引擎，人工智能企业总数占全国的 83%；成渝城市群、长江中游城市群也展现出人工智能发展的区域活力，产业集聚区初显区域引领和协同作用。❸ 国内人工智能企业和高校主要集中在北京、广东、江苏等发达省份地区，特别是北京和广东聚集了国内大多数人工智能领先企业与初创公司。

从人工智能重点企业布局领域来看，2019 年约有 45% 的人工智能重点企业布局在应用层，技术层占比为 40%，而基础层企业数量相对较少。在应用层中，智能驾驶、智能机器人、智慧医疗、智慧金融及无人机领域的企业占比分别为 12%、12%、9%、5% 和 7%。智能驾驶、智能机器人、智慧医疗依然为人工智能应用的重点领域。❹ 图 1.2 揭示了 2020 年中国人工智能产业企业分布情况，可以看出 2020 年应用层人工智能企业占比已达到 78.0%。❺

（2）龙头企业链分析。

当前我国人工智能研究方面由科研院所和互联网企业领军，如百度、中

---

❶ 中商产业研究院 . 中国人工智能行业市场前景及投资研究报告［J/OL］电器工业 2020,12（26）：38－50［2021－12－10］. http://www. cnki. com. cn/Article/CJFDTotal－DQ-GY202012016. htm.

❷ 中商情报网:中国人工智能产业"十四五"展望:市场空间潜力巨大（图）［EB/OL］.（2019-10-23）［2021-12-10］. https://baijiahao. baidu. com/s? id＝1648172061163106198&wfr＝spider&for＝pc.

❸ 中国青年报 .《中国新一代人工智能发展报告 2020》发布:中国以更加开放的姿态推动人工智能发展［EB/OL］.（2020-10-26）［2021-12-10］. https://baijiahao. baidu. com/s? id＝1681625200288775948&wfr＝spider&for＝pc.

❹ 中商产业研究院 . 中国人工智能行业市场前景及投资研究报告［J/OL］电器工业 2020,12（26）：38－50［2021－12－10］. http://www. cnki. com. cn/Article/CJFDTotal－DQ-GY202012016. htm.

❺ 中商产业研究院 . 2020 年中国人工智能企业分布地图:沿海五地 AI 企业占比超八成［EB/OL］.（2020-10-26）［2021-12-10］. https://www. askci. com/news/chanye/20200604/1741301161443. shtml.

国科学院和国家电网等。此外，互联网公司在人工智能的应用方面也起着至关重要的作用，腾讯科技（深圳）、广东欧珀、阿里巴巴、小米、北京奇虎科技等公司尤为突出。表1.3列举了人工智能细分领域中国市场代表性企业名单。

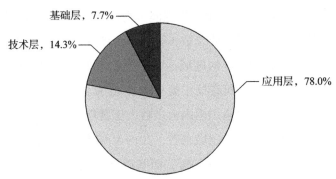

基础层，7.7%
技术层，14.3%
应用层，78.0%

图1.2　2020年中国人工智能产业企业分布情况

表1.3　人工智能细分领域中国市场代表性企业

产业链	细分领域	代表企业
基础层	芯片	NVIDIA、ARM、英特尔、IBM、谷歌、微软、高通、联发科、苹果、华为、中星微、深鉴科技、中科寒武纪、景嘉微等
	传感器	广微积电、芯福传感器、砂睿科技、国浩传感器、双桥传感器、惠昌传感器、深迪半导体、芯敏微系统、科文传感器、水木智芯等
技术层	计算机视觉	旷视科技、商汤科技、云从科技、汉王科技、深圳科范、格灵深瞳、中科奥森等
	智能识别	科大讯飞、出门问问、思必驰、云知声、百度、腾讯科技（深圳）、搜狗、中科模识、微软等
	自然语言处理	惠普、苹果、亚马逊、谷歌、云知声、思必驰、阿里巴巴、达观数据、智言科技、拓尔斯等
	人机交互	谷歌、微软、苹果、IBM、百度、阿里巴巴、腾讯科技（深圳）、海天智能、小i机器人、极限元、标贝科技等
	技术开放平台	IBM、谷歌、商汤、旷视、云从科技、搜狗、讯飞开放平台、360、云知声等

续表

产业链	细分领域	代表企业
技术层	机器学习	浙江大学、哈尔滨工业大学、南京大学、北京航空航天大学、北京邮电大学、上海交通大学、中科院自动化所、清华大学、中科院计算所等
	云平台	谷歌云、百度云、阿里云、金山云、讯飞开放平台等
应用层	行业解决方案和消费产品	谷歌、亚马逊、苹果、脸书、IBM、微软、阿里巴巴、百度、腾讯科技（深圳）、广东欧珀、小米、北京奇虎科技等

资料来源：中商产业研究院. 中国人工智能行业市场前景及投资研究报告［EB/OL］电器工业 2020，12（26）：38-50［2021-12-10］. http：//www. cnki. com. cn/Article/CJFDTotal-DQGY202012016. htm.

1.1.2.2　政策环境

近年来，我国相继出台多项政策推动人工智能的发展，促进人工智能与传统产业相融合。2019 年，"人工智能"第三年出现在《政府工作报告》中。继 2017 年、2018 年的"加快人工智能等技术研发和转化""加强新一代人工智能应用"关键词后，2019 年《政府工作报告》中使用了"深化大数据、人工智能等研发应用"关键词。从"加快""加强"到"深化"，说明未来我国人工智能将进入快速发展时期，相关政策将重点扶持技术的应用落地。[1] 表 1.4 汇总了 2015—2019 年我国人工智能产业的相关政策。

表 1.4　我国人工智能产业相关政策汇总（2015—2019 年）

时间	政策名称	内容
2015 年 5 月	《中国制造2025》	加快推动新一代信息技术与制造技术融合发展，把智能制造作为"两化"深度融合的主攻方向；着力发展智能装备和智能产品，推进生产过程智能化
2015 年 7 月	《国务院关于积极推进"互联网+"行动的指导意见》	将人工智能列为 11 项重点行动之一。具体行动：培育发展人工智能新兴产业；推进重点领域智能产品创新；提升终端产品智能化水平。主要目标：加快人工智能核心技术突破，促进人工智能在智能家居、智能终端、智能汽车、机器人等领域的推广应用

---

[1]　前瞻产业研究院. 我国发展人工智能产业扶持政策汇总［EB/OL］.（2019-11-06）［2021-12-10］. https：//f. qianzhan. com/chanyeguihua/detail/191106-241443a7. html.

续表

时间	政策名称	内容
2016 年 3 月	《中华人民共和国国民经济和社会发展第十三个五年规划纲要》	加快信息网络新技术开发应用，重点突破大数据和云计算关键技术、自主可控操作系统、高端工业和大型管理软件、新兴领域人工智能技术，人工智能写入"十三五"规划纲要
2016 年 4 月	《机器人产业发展规划（2016—2020 年)》	到 2020 年，自主品牌工业机器人年产量达到 10 万台。服务机器人年销售收入超过 300 亿元；工业机器人主要技术指标达到国外同类产品水平
2016 年 5 月	《"互联网+"人工智能三年行动实施方案》	到 2018 年，打造人工智能基础资源与创新平台，人工智能产业体系基本建立，基础核心技术有所突破，总体技术和产业发展与国际同步，应用及系统级技术局部领先
2016 年 7 月	《"十三五"国家科技创新规划》	发展新一代信息技术，其中人工智能方面，重点发展大数据驱动的类人智能技术方法，在基于大数据分析的类人智能方向取得重要突破
2016 年 9 月	《智能硬件产业创新发展专项行动（2016—2018 年)》	重点发展智能穿戴设备、智能车载设备、智能医疗健康设备、智能服务机器人、工业级智能硬件设备等
2016 年 11 月	《"十三五"国家战略性新兴产业发展规划》	发展人工智能，培育人工智能产业生态，推动人工智能技术向各行业全面融合渗透。具体包括：加快人工智能支撑体系建设；推动人工智能技术在各领域应用，鼓励各行业加强与人工智能融合，逐步实现智能化升级
2017 年 3 月	《政府工作报告》（2017)	"人工智能"首次被写入《政府工作报告》；一方面要加快培育人工智能这个新兴产业；另一方面要应用大数据、云计算、物联网等技术加快改造提升传统产业，把发展智能制造作为主攻方向
2017 年 7 月	《国务院关于印发新一代人工智能发展规划的通知》	确定新一代人工智能发展"三步走"战略目标，人工智能上升为国家战略层面

续表

时间	政策名称	内容
2017 年 10 月	党的十九大报告	人工智能写入党的十九大报告，将推动互联网、大数据、人工智能和实体经济深度融合
2017 年 12 月	《促进新一代人工智能产业发展三年行动计划（2018—2020 年）》	从推动产业发展角度出发，对《新一代人工智能发展规划》相关任务进行细化和落实，推动人工智能和实体经济深度融合
2018 年 3 月	《政府工作报告》（2018）	人工智能再次被列入《政府工作报告》：加强新一代人工智能研发应用；在医疗、养老、教育、文化和体育等多领域推进"互联网+"；发展智能产业，拓展智能生活
2018 年 4 月	《高等学校人工智能创新行动计划》	到 2020 年，基本完成适应新一代人工智能发展的高校科技创新体系和学科体系的优化布局
2019 年 3 月	《政府工作报告》（2019）	将人工智能升级为"智能+"，要推动传统产业改造提升
2019 年 3 月	《关于促进人工智能和实体经济深度融合的指导意见》	把握新一代人工智能的发展特点，结合不同行业、不同区域特点，探索创新成果应用转化的路径和方法，构建数据驱动、人机协同、跨界融合、共创分享的智能经济形态
2019 年 6 月	《新一代人工智能治理原则——发展负责任的人工智能》	突出了发展负责的人工智能这一主题，强调了和谐友好、公平公正、包容共享、尊重隐私、安全可控、共担责任、开放协作、敏捷治理等八条原则

1.1.3　济南市人工智能产业发展现状

1.1.3.1　产业环境

济南市是全国重要的工业基地之一，作为中国软件名城和智慧名城，产业基础雄厚，这为济南市人工智能领域新技术、新产品、新业态、新模式的创新发展打下了坚实基础。根据《2020 年中国城市人工智能发展指数报告》，截至 2020 年一季度，济南处于我国人工智能发展的第二梯队（第 11 位）。

在政策环境层面，济南市政府持续加大政策扶持力度，推动人工智能产业载体平台和配套基础设施建设和深度融合应用，促进全省经济智能化升级。自 2018 年以来，围绕人工智能产业发展的不同发展阶段，相继出台了《济南市大数据与新一代信息技术产业发展规划》《济南市促进先进制造业和数字经济发展的若干政策措施》《济南市新一代人工智能产业发展行动计划（2020—2022 年）》《济南市人工智能创新应用先导区建设实施方案（2020—2022 年）》等一系列政策措施。2019 年以来，济南市先后获批国家人工智能创新应用先导区和新一代人工智能创新发展试验区。

在产业发展生态方面，济南市在算力平台、芯片、识别和传感领域突破了一批核心技术，在智能网联汽车、智能机器人、智能制造、智慧医疗、智慧教育、智慧交通等领域取得了一批优势技术创新成果，在智能制造、智能机器人、自动驾驶等领域创新应用成效显著，建有国际最早的面向实用化的"济南量子通信试验网"，并率先在政务领域探索商业化服务❶，大力推进"现代优势产业集群+人工智能"建设，营造人工智能产业的良好生态。

在基础设施配套方面，济南市聚力建设大数据中心、超级计算中心等智能基础设施建设。国家超级计算济南中心是六个国家超算中心之一，在装备制造、海洋科学、气候气象、生物医药、新材料新能源、大数据、人工智能等领域形成了一批科技成果，形成数百亿元以上的相关产业规模。济南市已经具备开展人工智能创新发展试验的先决条件和基础支撑。❷

除了产业基础优势，济南市人工智能产业的需求非常旺盛。济南市是中国非常重要的装备制造基地之一，新旧动能转换过程中产业对于人工智能技

---

❶ 大众报业集团."两区"同建，济南凭啥能与上海、深圳进入第一梯队？[EB/OL]. (2020-07-03)[2021-12-10]. https://baijiahao. baidu. com/s？ id=1671164223972614217&wfr= spider&for=pc.

❷ 大众报业集团."两区"同建，济南凭啥能与上海、深圳进入第一梯队？[EB/OL]. (2020-07-03)[2021-12-10]. https://baijiahao. baidu. com/s？ id=1671164223972614217&wfr= spider&for=pc.

术有很大需求，也是人工智能应用的重要基础。

在资金方面，2020 年济南市提出打造工业强市的目标，工业发展扶持资金力度更大，从 2019 年的 5 亿元提升至 20 亿元。按照发展目标，2022 年济南市人工智能产业规模达到千亿规模。❶

在科教创新资源方面，2019 年，济南市有 52 所高校，各类企业研发机构 818 家（其中国家级企业研发机构 52 家），院士专家工作站 77 家，还拥有国家集成电路设计产业化基地、国家信息通信国际创新园、国家超级计算济南中心、山东大学晶体材料研究所等多个国家级公共服务平台，为济南市人工智能产业基础研究、协同创新、成果转化提供了有力支撑。❷

1.1.3.2 产业规模

近年来，济南市加快构建从基础支撑、核心技术到行业应用较为完整的人工智能产业链。2020 年，全市人工智能产业链规模以上企业 180 余家，带动相关产业规模超 650 亿元，102 个项目入选山东省"现代优势产业集群+人工智能"试点示范项目。❸ 规模以上工业企业 70% 已实现数字化、网络化、智能化改造。

济南人工智能领域的优势在于应用场景丰富、算力基础和数据资源雄厚。尤其在人工智能算力方面，国内超过 50% 的 AI 计算力由济南市提供❹，有高云、浪潮集团、众创软件、中孚等一批领军领先企业。算力平台方面，浪潮集团 AI 服务器全国第一；芯片领域，拥有天岳碳化硅单晶衬底、晶正铌酸锂单晶薄膜、高云半导体、领能神经网络芯片等关键技术和产品；识别领域，拥有神思电子、中维世纪、华戎信息等研发的图像识别、人脸识别、深度学习等关键技术；传感领域，拥有盛品电子、金钟电子、博科生物等研发的压

---

❶ 济南"牵手"华为，华为将为济南人工智能产业带来哪些支撑？[EB/OL]．（2020-10-22）[2021-12-10]．https：//baijiahao．baidu．com/s？id=1681219760366486892&wfr=spider&for=pc．

❷ 澎湃政务：济南高新区．济南获批创建国家人工智能创新应用先导区[EB/OL]．（2019-10-18）[2021-12-10]．https：//m．thepaper．cn/baijiahao_4713926．

❸ 瞄准人工智能 济南加速构建开放共赢产业生态[EB/OL]．（2020-10-21）[2021-12-10]．https：//baijiahao．baidu．com/s？id=1681156839923512970&wfr=spider&for=pc．

❹ 国内超过 50% 的 AI 计算力由济南提供[EB/OL]．（2020-10-12）[2021-12-10]．https：//baijiahao．baidu．com/s？id=1680360998284227526&wfr=spider&for=pc．

力、气体、光学、生物和称重传感器等关键技术。同时，济南市在智能制造、智能网联汽车、智能机器人、智慧医疗和智慧交通等领域已形成了居全国前列的优势产品和应用场景，如在智能网联汽车领域，中国重汽率先启动全国首个全 5G 环境下的智能网联汽车测试，打造全国领先的车辆智能化平台；在智慧医疗领域，齐鲁医院开通全省医疗行业首个 5G 环境下的智慧诊疗试点。❶

1.1.3.3　存在的问题

目前，济南市人工智能产业发展尚面临一些问题。虽然济南在 AI 计算力和人工智能应用领域发展迅猛，但产业基础层和技术层领域仍然较弱。与北京、上海、广州和深圳等人工智能发展迅速的城市相比，济南市人工智能领域企业大都以人工智能行业应用为主，与真正具备基础算法和通用智能软件研发的产业领军企业相比优势尚不明显，部分重点软件企业人工智能技术后劲不足。因此，发展 AI 基础算力建设尤为重要。

1.2　研究目的和意义

人工智能正加快与各行各业的融合，助力传统行业转型升级、提质增效，在全球范围内引发全新的产业浪潮。2019 年，习近平总书记主持召开中央全面深化改革委员会第七次会议并发表重要讲话，会议审议通过了《关于促进人工智能和实体经济深度融合的指导意见》。

据《2020 年中国城市人工智能发展指数报告》，截至 2020 年一季度，济南市处于我国人工智能发展的第二梯队（第 11 位）。《济南市新一代人工智能发展行动计划（2020—2022 年）》，以建设"两区""两高"为总体目标，深入开展人工智能应用示范，推进产业集聚创新，打造优良产业生态环境。

通过对全球及中国人工智能领域的专利数据采集与分析，对产业结构、技术研发重点及热点进行产业发展方向导航，对济南市人工智能产业的创新环境、产业结构、技术创新能力、企业创新实力、创新人才储备、专利运营实力等进行准确定位，为济南市人工智能产业提出产业布局结构优化、企业整合培育引

---

❶　砺锋说.在青岛讲的这堂课,中央政治局曾集体学习![EB/OL]（2019-04-22）[2021-12-10]. https://www.sohu.com/a/309550606_585511.

进、技术创新引进提升、专利协同运用和市场运营等进行发展路径建议。

本书对于济南市有关部门而言，有助于了解人工智能技术领域的宏观发展态势，有助于及时调整政策的把控方向，以及未来发展战略的制定；对于企业而言，有助于充分了解该领域内的关键技术及未来技术的发展方向，以及时调整自身的研发及投产方向；同时针对该领域申请人的进一步分析也可为企业寻求合作伙伴或发现潜在竞争对手等提供参考。

1.3　研究方法与技术路径

本书的研究方法与技术路径如下：第一，明确人工智能产业的专利数据来源；第二，以产业背景、技术标准以及专家建议为基础制定技术分解表；第三，分别确定对应的检索策略，对命中结果进行浏览、筛选、标引等数据加工处理；第四，依据国家知识产权局发布的《产业规划类专利导航项目实施导则（暂行）》与《专利导航指南 第 3 部分：产业规划》（GB/T 39551.3—2020）制定导航分析提纲；第五，最后根据提纲撰写人工智能产业专利导航报告。

1.3.1　数据来源

本书的检索选取了目前国内外权威的专利数据库资源——专利信息服务平台（http://search.cnipr.com），以保证所采集数据全面准确。检索日期截至 2021 年 2 月 28 日。

专利信息服务平台是在原中外专利数据库服务平台的基础上，吸收国内外先进专利检索系统的优点，采用国内先进的全文检索引擎开发完成的。其主要提供对中国专利和国外［美国、日本、英国、德国、法国、加拿大、EPO（European Patent Office，欧洲专利局）、WIPO（World Intellectual Property Organization，世界知识产权组织）、瑞士等 98 个国家和组织］专利的检索。

1.3.2　技术分解

在本书研究初期阶段，项目组为了制定符合研究需要的技术分解路径，主要做了以下工作：① 收集非专利文献资料，了解产业背景、产业发展状况和技术发展现状。非专利文献主要包括产业的宏观报告，产业期刊发表的相关文章，相关的硕博论文，相关的最新国家和行业技术标准等。② 对人工智能领域的专家进行产业与技术调研。③ 初步检索专利文献，对研究的专利文献做初步的分析阅读，了解产业技术情况。

人工智能产业技术分解主要依据为：《新一代人工智能发展规划》《促进新一代人工智能产业发展三年行动计划（2018—2020 年)》《济南市新一代人工智能发展行动计划（2020—2022 年)》等。人工智能产业的具体技术分解如图 1.3 所示。

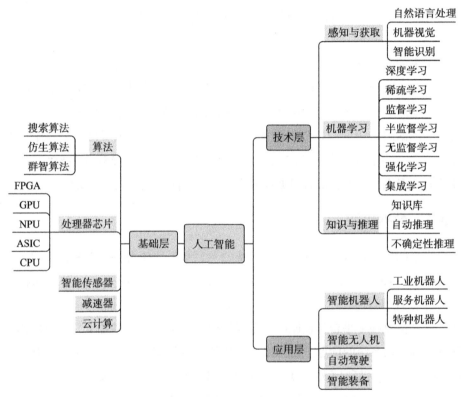

图 1.3　人工智能产业技术分解

1.3.3　检索策略的构建

本书依据制定的技术分解路径，采用分总式的检索策略对人工智能技术进行分析，以最末级的技术节点包含的技术内容为检索单位分别进行检索，各技术节点分别以关键词与国际专利分类（International Patent Classification，

IPC）等专利分类号为主要检索要素，经过反复检索测试后，构建合理的检索策略，然后将检索结果汇总，获得初步检索结果；对初检的相关数据初步筛选后进行数据评估，根据评估的结果，调整检索策略，有针对性地从重要申请人、主要发明人、同义词扩展等方面入手，进行补充检索，并进行数据评估，最终获得的检索结果作为分析数据。

1.3.4　数据说明

1.3.4.1　数据范围

数据时间范围：截至 2021 年 2 月。

数据国别/地区范围：本书用于分析的专利数据以中国、美国、日本、德国、英国、法国、俄罗斯、瑞士、韩国、EPO 和 WIPO 等的专利文摘数据为主，辅以其他非专利文献资料。

1.3.4.2　数据说明

由于发明专利申请存在"最早优先权日起 18 个月公开"的原因，专利申请有 18 个月的公开滞后期。因此，本书分析结果中 2019—2021 年的数据不完整，仅供参考，详细理由如下：对于全球专利申请，在最早优先权日起 18 个月公开。对于中国专利申请，可以分为国内申请、通过《巴黎公约》的申请和 PCT 申请，其中国内申请在优先权日起 18 个月公开；通过《巴黎公约》的申请通常会在进入中国 6 个月内公开；通过 PCT 形式进入中国的申请通常自优先权日起 30 个月进入国家阶段，但大部分都要求了优先权，即大部分自申请日起 18 个月左右进入中国，因此多数 PCT 申请在申请日起 18 个月公开。

其中，检索的全球数据量❶：基础层 412 085 件，技术层 590 591 件，应用层 601 555 件；中国数据量：基础层 225 992 件，技术层 273 594 件，应用层 368 301 件。

---

❶　本书中"全球"具体指中国、美国、日本、韩国、德国、法国、英国、瑞士、俄罗斯、欧洲专利局、世界知识产权组织 11 个国家/地区。

1.3.4.3 数据加工

数据加工包括数据处理/去噪、数据清理和数据标引。

数据处理/去噪：①中文数据采用人工浏览阅读每篇文献的标题、摘要或全文的方式去除与本书研究人工智能技术不相关的噪声。②外文专利数据采取专利分析软件批量筛选和人工逐篇筛选的方式，去除与本书研究边界不相关的噪声，批量去噪主要是采用分类号去噪方式：通过统计 IPC 小类下的噪声率，与人工智能技术直接相关的 IPC 主分类号的噪声率相对较小，不进行去噪处理；主分类号扩展或副分类号的噪声率较高，采取相对宽松的方式进行去噪处理。

数据清理是对专利申请人、发明人等信息进行规范化处理。同一位申请人的名称因为译名、公司并购重组等原因会发生变化，需要对申请人的名称进行规范清理。

数据标引是依据技术分解路径对相关数据进行批量标引，并导入 Inte-Covery 专利分析系统，完成标注、统计等。

1.3.4.4 查全查准验证

全面而准确的检索结果是专利导航分析的基础，查全率用来评估检索结果涵盖检索主题下专利文献的全面程度，查准率用来评估检索结果与检索主题相关的准确程度。

在人工智能产业专利导航分析项目中，对专利检索结果分别进行了查全率和查准率评估。其中，查准率的评估是通过在某领域抽取一定数量的专利，计算专利样本中相关专利所占比例，所得结果即为查准率；查全率是选取某领域研发集中度高的企业，将检索结果中该企业相关专利数量与其该领域相关专利数量相比较得出的比值，即为查全率。本书通过不断地调整检索策略，使查全率、查准率都满足检索需求。

第 2 章　人工智能产业专利导航分析

2.1　人工智能产业发展方向导航

2.1.1　人工智能产业结构调整方向分析

2.1.1.1　全球产业结构调整方向

全球各产业专利布局的变化反映全球产业结构的调整方向，当专利申请占比升高时，显示该方向是技术研发主体关注的热点，是技术发展调整的方向。

图 2.1 揭示了 1990—2020 年全球人工智能产业结构调整方向。对全球人工智能技术专利申请情况进行分析，可以看出 1990—2020 年技术层和应用层专利数量相当，应用层专利申请总量达 601 555 件，占比为 37.5%；技术层专利申请总量为 590 591 件，占比 36.8%；基础层专利申请总量为 412 083 件，占比 25.7%。在产业调整方面，2011 年以后，应用层领域专利数量占比显著增长，从 2001—2010 年的 25.2% 增至 40.5%；技术层及基础层领域占比有所下降，前者从 2001—2010 年的 44.2% 降至 33.2%，后者从 2001—2020 年的 34.6% 降至 25.3%。2011—2020 年，三个细分领域的专利申请占在各自领域的占比均超过 60%，技术创新成果显著，特别是应用层在该阶段占比超过 75%。

从人工智能产业调整方向可以看出，2011 年以后，应用层是产业结构调整的侧重方向，也是未来专利增长最主要的技术领域。经过多年发展，技术层和基础层两个领域成熟度上升，应用层发展迅速。

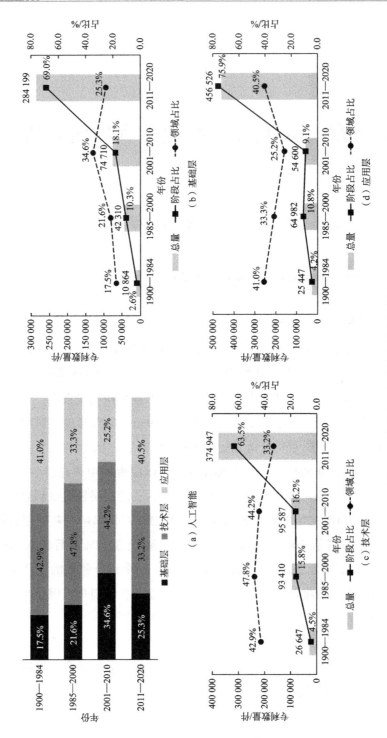

图 2.1 全球人工智能产业结构调整方向

2.1.1.2　主要国家产业结构调整方向

通过研究人工智能产业各国/地区专利布局的数量，可以反映主要国家/地区技术布局情况。

表 2.1 揭示了 1900—2020 年人工智能产业主要国家产业结构调整方向。从全球主要国家技术布局情况来看，美国、日本和韩国在技术层专利布局较多，中国和德国则在应用层专利申请数量较多。其中，中国在各细分领域专利数量遥遥领先，是全球最重要的人工智能专利技术布局国之一。2011—2020 年，各国在应用层的专利占比表现出不同程度的上升，可见各国对人工智能下游应用层的技术布局正不断加快。

表 2.1　人工智能产业主要国家产业结构调整方向

国别	时间节点	基础层占比/%	技术层占比/%	应用层占比/%
中国	1900—1984 年	—	—	—
	1985—2000 年	38.0	43.9	18.1
	2001—2010 年	39.2	34.8	26.0
	2011—2020 年	25.0	31.2	43.8
美国	1900—1984 年	20.9	51.0	28.1
	1985—2000 年	24.5	49.4	26.1
	2001—2010 年	38.3	44.9	16.7
	2011—2020 年	33.2	41.9	24.9
日本	1900—1984 年	13.2	36.3	50.5
	1985—2000 年	16.7	50.1	33.2
	2001—2010 年	23.1	54.4	22.5
	2011—2020 年	21.4	43.1	35.4
韩国	1900—1984 年	19.8	34.1	46.1
	1985—2000 年	25.0	43.6	31.5
	2001—2010 年	31.5	38.8	29.7
	2011—2020 年	24.2	38.5	37.3
德国	1900—1984 年	25.7	37.4	36.9
	1985—2000 年	26.5	31.9	41.6
	2001—2010 年	33.3	25.4	41.3
	2011—2020 年	14.4	10.2	75.4

中国的人工智能技术发展较晚，三个技术领域的专利数量均呈现持续增长趋势，近几年专利量的增长呈现井喷状态。从产业结构情况来看，2011年以来，应用层领域专利数量占比显著增长，增至43.8%；基础层领域占比下降明显，降至25.0%，这说明中国的产业结构发展不断向下游应用领域扩展。

美国和韩国的人工智能产业技术发展趋势较为相近，两国在该领域专利申请总量呈现不断上升趋势，技术布局活跃。日本和德国人工智能领域专利申请数量在2000年后呈现明显下降趋势，说明这两个国家在人工智能领域的市场热度有所下降，2015年以后专利新增数量重新出现增长趋势，可以看出，应用层领域的技术创新加快起到了重要作用。根据阶段各技术分支占比情况，美国、韩国和日本三国一直深耕人工智能技术层领域，而在基础层领域年专利申请基本保持稳定，呈现成熟态势。

2.1.1.3 龙头企业产业结构调整方向

全球人工智能领域专利申请量排名靠前的企业有IBM、三星电子、日立株式会社、国家电网和东芝株式会社，前四名申请人在该领域的专利申请量均超过万件，技术研发实力雄厚。图2.2揭示了人工智能产业龙头企业产业结构调整方向。

对全球人工智能产业龙头企业的技术布局情况进行分析可知，各企业技术研究持续在人工智能产业上游领域发力。在三个细分领域中，技术层专利申请占比最高，是各企业研究关注和投入的重点领域。其中，三星电子在技术层领域的专利申请占比从37.0%增至49.2%，应用层则从35.6%降至19.9%，这说明三星电子在不断加强技术层领域的专利布局。从产业结构调整情况来看，2015年以来，东芝株式会社在应用层领域的专利布局呈现快速上升趋势，这说明东芝的技术研发在向人工智能中下游领域调整。

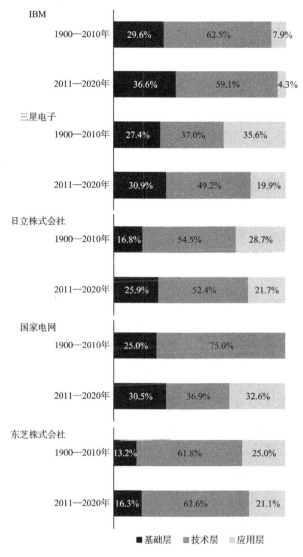

图 2.2　人工智能产业龙头企业产业结构调整方向

2.1.2　人工智能产业技术研发重点及热点方向

2.1.2.1　专利申请趋势重点及热点方向

专利申请数量不仅可以反映技术调整的方向，也可以反映技术重点及热点技术方向。某技术专利申请量大，说明该技术受研发主体重视，是重点技术，而当某技术专利申请占比升高时，则显示该方向是研发主体关注的热点，可能是未来的热点方向。为了解各技术未来的发展趋势及关注程度，下面从各技术领域的专利申请总量及阶段申请量等方面进行综合比较分析。

（1）专利申请重点方向。

对人工智能产业三大技术领域技术研发重点进行分析可知，国外重点研发方向是技术层，专利申请量最多，共申请专利 316 997 件，而中国侧重应用层，专利申请量 368 301 件。

再对人工智能产业细分领域进行分析，在基础层，智能传感器是国外重点研发方向，专利申请量为 88 584 件，数量遥遥领先。中国的重点研发方向是算法和处理器芯片，专利申请量均超过 5 万件。在算法技术小分支中，国内外研发重点均为搜索算法；在处理器芯片技术小分支中，国内外研发重点均为 FPGA 和 GPU。不同的是，国外 GPU 专利申请量更高，而中国 FPGA 专利申请量更高。

在技术层领域，国内外均是感知与获取技术专利申请量最多，国外为 261 489 件，中国为 193 765 件，是技术层的研发重点。在感知与获取技术小分支中，国外重点研发方向是自然语言处理，其次是智能识别，专利申请量均超过 10 万件，而中国重点研发方向是智能识别，专利申请量为 144 101 件；在机器学习技术小分支中，国外重点研究方向是监督学习，中国重点方向是深度学习；在知识与推理技术小分支中，知识库是国内外重点布局方向，数量远超其他小分支。

在应用层领域，智能机器人专利申请数量最多，国外为 203 525 件，中国为 302 617 件，是国内外重点研发方向。在智能机器人三个技术小分支中，又以工业机器人技术专利申请数量最多，其次是特种机器人。

（2）专利申请热点方向。

对人工智能产业三大技术领域 2011—2020 年及 2016—2020 年专利申请占比进行分析，总体来说，中国起步较晚，各分支技术的技术创新均主要集中在 2011—2020 年，三大领域 2011—2020 年占比均在 90% 左右；而国外技术发展趋于稳定，逐渐呈现成熟态势。从 2016—2020 年专利申请占比来看，国内外研发热点均为应用层，国外 2016—2020 年占比为 31.1%，中国 2016—2020 年占比为 79.3%。

具体看各技术细分领域，在基础层领域，国外 2016—2020 年研发热点方向是算法和处理器芯片，专利占比分别为 23.9%、21.7%；而中国 2016—2020 年热点方向是云计算和算法，专利占比分别为 73.3%、72.9%。其中，在算法分支，国外在算法三个小分支的研究齐头并进，专利申请占比均超过20%。仿生算法是热点方向，2016—2020 年专利申请占比为 26.5%，中国 2016—2020 年热点方向是群智算法，占比为 76%。在处理器芯片分支，国外 2016—2020 年热点方向是 NPU 和 GPU，申请占比分别为 39.1%、30.2%；中国 2016—2020 年热点方向是 NPU，其次是 CPU、GPU、FPGA，占比均超过 55%。

在技术层领域，国内外研究热点方向均为机器学习，国外 2016—2020 年占比 54.8%，中国占比 84.5%。在机器学习六个小分支中，国外 2016—2020 年热点方向是深度学习，其次是半监督学习，而中国 2016—2020 年热点方向是无监督学习和深度学习；在感知与获取小分支中，国内外 2016—2020 年热点方向均为机器视觉，国外占比 32.2%，中国占比 75.7%；在知识与推理小分支中，国外 2016—2020 年热点方向是自动推理，占比为 27.7%，而中国热点方向是知识库，占比为 63.9%。

在应用层领域，国内外 2016—2020 年研究热点是智能无人机，国外专利占比为 78.4%，中国占比为 90.3%；其次是自动驾驶，国外、中国 2016—2020 年专利占比分别为 56.3%、87.6%。在智能机器人三个小分支中，国内外 2016—2020 年研究热点方向是服务机器人和特种机器人，这两个小分支国外 2016—2020 年专利占比在 40% 左右，而中国 2016—2020 年占比均超过80%。

人工智能产业专利申请重点及热点情况如表 2.2 所示。

表 2.2 人工智能产业专利申请重点及热点方向

技术分类	国外申请趋势			中国申请趋势		
	总量/件	占比/%		总量/件	占比/%	
		2011—2015 年	2016—2020 年		2011—2015 年	2016—2020 年
基础层	186 093	22.7	21.9	225 992	27.7	61.3
技术层	316 997	14.6	3.2	273 594	18.5	73.2
应用层	233 254	13.6	31.1	368 301	16.4	79.3

续表

技术分类			国外申请趋势			中国申请趋势		
			总量/件	占比/%		总量/件	占比/%	
				2011—2015 年	2016—2020 年		2011—2015 年	2016—2020 年
基础层	算法	合计	21 526	21.1	23.9	52 789	19.9	72.9
		搜索算法	13 101	22.5	22.3	22 627	24.5	65.3
		仿生算法	7 609	17.8	26.5	17 795	22.5	71.3
		群智算法	1 701	24.6	25.0	8 697	20.9	76.0
	处理器芯片	合计	29 904	20.4	21.7	50 886	31.5	55.6
		FPGA	6 968	25.0	23.7	25 206	34.0	55.4
		GPU	10 481	29.8	30.2	13 914	28.9	57.1
		NPU	289	14.2	39.1	391	4.9	93.1
		ASIC	5 926	17.1	13.3	1 689	31.4	43.3
		CPU	2 953	27.1	24.1	6 284	29.5	57.8
	智能传感器		88 584	20.6	18.6	49 995	30.5	53.5
	减速器		20 616	13.0	12.8	37 912	33.4	51.5
	云计算		19 774	45.0	5.3	40 398	24.9	73.3
技术层	感知与获取	合计	261 489	15.1	19.1	193 765	20.7	69.5
		自然语言处理	141 733	13.7	15.4	34 257	21.3	61.4
		机器视觉	5 788	15.9	32.2	19 695	18.8	75.7
		智能识别	105 111	16.6	24.3	144 101	20.5	71.0
	机器学习	合计	52 711	12.2	54.8	90 393	11.8	84.5
		深度学习	4 453	3.5	93.7	20 544	1.7	98.2
		稀疏学习	572	18.5	67.0	4 998	21.8	76.6
		监督学习	8 029	3.5	49.8	3 276	44.5	89.5
		半监督学习	200	15.0	77.0	1 161	16.1	80.9
		无监督学习	961	15.6	66.5	1 654	9.7	106.5
		强化学习	3 488	13.0	52.8	11 956	9.6	86.9
	知识与推理	合计	16 353	13.2	17.8	13 922	24.7	63.1
		知识库	12 298	15.7	19.9	11 936	24.1	63.9
		自动推理	1 638	23.9	27.7	1 411	15.1	58.5
		不确定推理	3 147	1.9	1.7	1 476	30.1	55.4

技术分类			国外申请趋势			中国申请趋势		
			总量/件	占比/%		总量/件	占比/%	
				2011—2015 年	2016—2020 年		2011—2015 年	2016—2020 年
应用层	智能机器人	合计	203 525	13.4	27.3	302 617	17.3	77.9
		工业机器人	17 818	12.1	17.9	22 433	17.5	79.2
		服务机器人	2 751	20.9	44.1	12 435	12.6	85.2
		特种机器人	14 038	19.4	39.4	15 529	14.1	81.8
	智能无人机		9 620	15.0	78.4	51 145	9.0	90.3
	自动驾驶		10 887	10.5	56.3	14 863	8.9	87.6
	智能装备		10 430	18.0	39.4	12 447	19.9	71.4

注：技术分类的各下级分类和不等于上级分类总数，是因为各下级分类间可能有重复数据，或上级有扩展（如包含了不属于已列明的下级分支外的数据）。余同。

2.1.2.2　龙头企业研发重点及热点方向

以下选择国内外龙头企业，分析其在各技术分支的专利分布情况，以了解其研发重点、热点方向。

从人工智能产业龙头企业各技术分支专利分布情况（见表 2.3）来看，各龙头企业在三大技术领域均有涉足。其中，技术层专利申请数量最多，是当前各企业技术研发的首要方向，IBM 和三星电子公司次要研发方向是基础层，日立株式会社、国家电网和东芝株式会社次要研发方向是应用层。

再看具体技术细分领域，在基础层领域，IBM 和英特尔公司研发重点是处理器芯片，专利申请量分别为 1038 件和 1520 件，三星电子和罗伯特博世研发重点是智能传感器，专利申请量分别为 1733 件和 2109 件，而国家电网公司在算法分支专利申请量最多，共申请 1488 件；在技术层领域，感知与获取分支是各龙头企业的重点研发方向，专利申请量远超其他两个分支，各企业专利申请量分别为：IBM 公司 6407 件、日本电气 7037 件、富士通 6461件、东芝株式会社 5861 件、日立株式会社 5207 件；在应用层领域，智能机器人是各龙头企业首要研究方向，专利申请量依次为：发那科株式会社 4601 件、日立株式会社 3054 件、三星电子 2499 件、LG 电子 2487 件、本田技研 2040 件。

对各技术分支龙头企业 2016—2020 年研发热点进行分析，日立株式会社和东芝株式会社在三个技术领域 2016—2020 年专利申请占比均低于 10%。

可见，这两家公司在人工智能产业专利布局较早，而国家电网 2016—2020 年申请占比均超过 60%，在人工智能产业起步较晚。其中，IBM、三星电子、日立株式会社、国家电网 2016—2020 年研发热点均为技术层，东芝株式会社研发热点是应用层。

具体到细分领域，在基础层领域，各龙头企业 2016—2020 年研发各有侧重。IBM 和国家电网研发热点是云计算，三星电子研发热点是算法，罗伯特博世和英特尔研发热点是处理器芯片；在技术层领域，各龙头企业 2016—2020 年研发热点均为机器学习，专利申请量占比依次为：IBM 公司 61.5%、日本电气 22.9%、富士通 32.6%、东芝株式会社 12.5%、日立株式会社 28.2%。其中，IBM 不仅在机器学习分支占比最高，在知识与推理、感知与获取两个分支 2016—2020 年申请占比也较高，占比分别为 38.4%、23.6%。可见，IBM 公司 2016—2020 年研发成果丰硕。在应用层领域，发那科株式会社 2016—2020 年研发热点方向是智能机器人，专利申请占比为 39.9%，日立株式会社和本田技研研发热点是自动驾驶，专利占比分别为 30.6%、90.3%，三星电子和 LG 电子研发热点是智能无人机，专利占比分别为 100%、96.2%。

龙头企业人工智能产业专利布局情况如表 2.3 所示。

表 2.3　龙头企业人工智能专利布局分析

技术分类		IBM		三星电子		日立株式会社		国家电网		东芝株式会社	
		总量/件	2016—2020 年占比/%	总量/件	2016—2020 年占比/%	总量/件	2016—2020 年占比/%	总量/件	2016—2020 年占比/%	总量/件	2016—2020 年占比/%
基础层		4061	26.6	3368	33.8	2037	5.9	3293	61.3	1491	5.4
技术层		7387	34.2	5090	48.7	6113	6.2	3984	75.9	6756	5.0
应用层		782	28.0	2917	32.5	3203	5.8	3509	73.8	2669	9.4
技术分类		IBM		三星电子		国家电网		罗伯特博世		英特尔	
		总量/件	2016—2020 年占比/%	总量/件	2016—2020 年占比/%	总量/件	2016—2020 年占比/%	总量/件	2016—2020 年占比/%	总量/件	2016—2020 年占比/%
基础层	算法	834	24.0	403	44.2	1488	69.1	53	28.3	235	33.2
	处理器芯片	1038	14.4	938	30.0	675	47.6	226	23.9	1520	52.5
	智能传感器	408	32.4	1733	35.7	782	49.9	2109	18.7	251	34.3
	减速器	20	10.0	29	13.8	15	80.0	96	11.5	8	0.0
	云计算	1761	34.5	226	21.2	431	77.7	18	33.3	321	45.5

	技术分类	IBM		日本电气		富士通		东芝株式会社		日立株式会社	
		总量/件	2016—2020 年占比/%	总量/件	2016—2020 年占比/%	总量/件	2016—2020 年占比/%	总量/件	2016—2020 年占比/%	总量/件	2016—2020 年占比/%
技术层	感知与获取	6407	23.6	7037	3.4	6461	7.2	5861	4.4	5207	3.5
	机器学习	1949	61.5	937	22.9	1126	32.6	697	12.5	712	28.2
	知识与推理	662	38.4	398	8.5	226	11.9	545	0.4	526	2.5
	技术分类	发那科株式会社		日立株式会社		三星电子		LG 电子		本田技研	
		总量/件	2016—2020 年占比/%	总量/件	2016—2020 年占比/%	总量/件	2016—2020 年占比/%	总量/件	2016—2020 年占比/%	总量/件	2016—2020 年占比/%
应用层	智能机器人	4601	39.9	3054	5.1	2499	27.0	2487	82.3	2040	12.1
	智能无人机	2	50.0	4	75.0	104	100.0	421	96.2	8	100.0
	自动驾驶	2	50.0	85	30.6	96	78.1	267	95.5	739	90.3
	智能装备	19	31.6	69	4.3	244	48.4	163	30.7	17	5.9

2.1.2.3　专利协同创新重点及热点方向

专利协同创新可以有效集成不同创新主体提供的人才、资本、信息、技术等资源和要素，提高研发效率，以下将对人工智能产业各技术分支专利协同创新重点及热点方向进行分析。

（1）协同创新重点方向。

从人工智能产业三大技术领域专利协同创新数量（见表 2.4）来看，国外专利合作的重点方向是技术层，协同申请专利 36 855 件；中国专利合作的重点方向是应用层，协同申请专利 22 653 件。

表 2.4　人工智能产业专利协同创新重点及热点方向

技术分类	主要国外国家协同创新申请趋势			中国协同创新申请趋势		
	协同申请专利/件	协同申请专利占比/%	2016—2020 年占比/%	协同申请专利/件	协同申请专利占比/%	2016—2020 年占比/%
基础层	23 267	12.5	10.0	17 594	7.8	60.6
技术层	36 855	11.6	13.5	21 704	7.9	69.8
应用层	24 133	10.3	20.0	22 653	6.2	75.9

技术分类			主要国外国家协同创新申请趋势			中国协同创新申请趋势		
			协同申请专利/件	协同申请专利占比/%	2016—2020年占比/%	协同申请专利/件	协同申请专利占比/%	2016—2020年占比/%
基础层	算法	合计	3 459	16.1	9.9	5 402	10.2	74.1
		搜索算法	2 072	15.8	8.2	1 832	8.1	66.8
		仿生算法	1 302	17.1	12.8	2 119	11.9	70.2
		群智算法	249	14.6	8.4	1 254	14.4	78.6
	处理器芯片	合计	3 633	12.1	9.0	3 827	7.5	51.2
		FPGA	857	12.3	9.5	2 021	8.0	53.6
		GPU	1 359	13.0	12.4	983	7.1	53.9
		NPU	31	10.7	12.9	13	3.3	100.0
		ASIC	700	11.8	4.3	84	5.0	41.7
		CPU	393	13.3	10.7	605	9.6	48.8
	智能传感器		11 202	12.6	9.1	4 145	8.3	49.9
	减速器		2 165	10.5	8.4	1 650	4.4	44.2
	云计算		2 156	10.9	18.6	2 960	7.3	73.3
技术层	感知与获取	合计	30 583	11.7	10.1	14 533	7.5	64.1
		自然语言处理	16 448	11.6	8.1	2 782	8.1	56.4
		机器视觉	735	12.7	17.7	1 343	6.8	73.7
		智能识别	12 213	11.6	13.1	10 819	7.5	65.3
	机器学习	合计	5 526	10.5	35.0	7 400	8.2	85.6
		深度学习	408	9.2	89.5	1 817	8.8	98.3
		稀疏学习	70	12.2	30.0	242	4.8	85.1
		监督学习	1 006	12.5	26.3	249	7.6	89.2
		半监督学习	30	15.0	33.3	74	6.4	87.8
		无监督学习	135	14.0	44.4	150	9.1	92.0
		强化学习	423	12.1	29.6	959	8.0	88.6
	知识与推理	合计	2 096	12.8	9.0	1 847	13.3	61.8
		知识库	1 807	14.7	9.1	1 594	13.4	62.5
		自动推理	156	9.5	12.8	211	15.0	51.7
		不确定推理	219	7.0	2.3	178	12.1	53.9
应用层	智能机器人	合计	21 428	10.5	17.5	18 330	6.1	74.4
		工业机器人	1 760	9.9	10.1	1 282	5.7	76.5
		服务机器人	330	12.0	36.7	786	6.3	77.7
		特种机器人	1 255	8.9	28.7	1 023	6.6	77.1

技术分类		主要国外国家协同创新申请趋势			中国协同创新申请趋势		
		协同申请专利/件	协同申请专利占比/%	2016—2020 年占比/%	协同申请专利/件	协同申请专利占比/%	2016—2020 年占比/%
应用层	智能无人机	984	10.2	49.3	862	1.7	85.6
	自动驾驶	603	5.5	60.0	3 528	23.7	88.7
	智能装备	1 191	11.4	21.8	907	7.3	66.0

从技术细分领域专利协同创新情况来看，在基础层，国外协同创新重点方向是智能传感器，协同申请 11 202 件；中国协同创新重点方向是算法，协同申请 5 402 件。在算法技术小分支中，国外协同创新的重点是搜索算法，中国协同创新的重点是仿生算法；在处理器芯片技术小分支中，国外协同创新的重点是 GPU，中国协同创新的重点是 FPGA。

在技术层，国内外协同创新的重点方向均为感知与获取，国外协同申请 30 583 件，中国协同申请 14 533 件。在感知与获取技术小分支中，国外协同创新的重点是自然语言处理和智能识别，中国协同创新重点是智能识别；在机器学习技术小分支中，国外监督学习协同申请数量最多，其次是强化学习和深度学习，中国协同创新的重点是深度学习，然后是强化学习；在知识与推理技术小分支中，国内外协同创新的重点方向均为知识库。

在应用层，智能机器人是国内外协同创新的重点，国外协同申请 21 428 件，中国协同申请 18 330 件。在智能机器人三个小分支中，工业机器人和特种机器人是国内外协同创新的重点方向。

（2）协同创新热点方向。

从人工智能产业三大技术领域 2016—2020 年协同创新占比来看，国内外协同创新的热点均为应用层，国外 2016—2020 年协同申请占比 20.0%，中国 2016—2020 年协同申请占比 75.9%（见表 2.4）。

具体看各技术细分领域，在基础层，国外专利协同创新的热点是云计算，2016—2020 年协同申请占比为 18.6%；中国专利协同创新的热点是算法和云计算，2016—2020 年协同申请占比均超过 70%。在算法小分支中，国外和中国 2016—2020 年协同申请的热点分别为仿生算法、群智算法；在处理器芯片小分支中，国外 2016—2020 年协同申请的热点是 GPU，中国协同申请的热点是 GPU 和 FPGA。

在技术层，国内外 2016—2020 年专利协同创新的热点均为机器学习，国外协同申请占比 35%，中国占比 85.6%。在机器学习小分支中，国内外协同创新的热点均为深度学习；在感知与获取小分支中，国内外协同创新的热点均为机器视觉；在知识与推理小分支中，国外协同创新的热点是自动推理，而中国协同创新的热点是知识库。

在应用层，国内外 2016—2020 年专利协同创新的热点是自动驾驶，国外 2016—2020 年协同申请占比 60%，中国 88.7%；其次是智能无人机，国外协同申请占比 49.3%，中国 85.6%。在智能机器人三个小分支中，国外 2016—2020 年专利协同创新的热点是服务机器人；中国三个小分支 2016—2020 年协同创新占比数值相当，其中，服务机器人占比最高为 77.7%。

人工智能产业专利协同创新重点及热点方向情况见表 2.4。

2.1.2.4 新进入者集中的热点方向

为了解新进入者各技术未来的发展趋势及关注程度，以下从各技术的发展趋势、专利申请总量及占比情况等进行综合比较分析。

如表 2.5 所示，从人工智能领域 2011—2020 年新进入者的专利申请情况来看，在人工智能基础层所涉及的五个分支中，云计算领域新进入者专利申请量最多，为 3455 件，2016—2020 年占全球专利申请数量比例为 8.8%，较全球总量占比的 5.7% 提高了 3 个百分点；其次是处理器芯片，申请量为 2602 件，占比 5.8%，较全球总量占比的 3.2% 提高了 2.5 个百分点，说明这两个分支是基础层领域的重点及热点研究方向。

在技术层的三个分支中，感知与获取和机器学习两个技术分支新进入者专利申请量最多，2016—2020 年全球占比较总量占比均有所提高，是目前技术层领域研究的重点及热点方向。

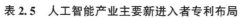

表 2.5　人工智能产业主要新进入者专利布局

技术分类		全球专利申请总量/件	主要新进入者专利申请				
			数量/件	占全球总量比/%	占上级分类总量比/%	2016—2020年占全球2016—2020年总量比/%	2016—2020年占上级分类2016—2020年总量比/%
基础层	智能传感器	138 579	391	0.3	0.1	0.6	0.1
	减速器	58 528	840	1.4	0.2	1.7	0.2
	云计算	60 172	3 455	5.7	0.8	8.8	1.5
	算法 合计	74 315	1 404	1.9	0.3	2.9	0.7
	算法 搜索算法	35 728	713	2.0	1.0	3.4	1.4
	算法 仿生算法	25 404	1 473	5.8	2.0	6.9	2.3
	算法 群智算法	10 398	1 169	11.2	1.6	12.7	2.1
	处理器芯片 合计	80 790	2 602	3.2	0.6	5.8	1.1
	处理器芯片 FPGA	32 174	1 404	4.4	1.7	6.3	2.9
	处理器芯片 GPU	24 395	818	3.4	1.0	5.9	1.9
	处理器芯片 NPU	680	202	29.7	0.3	42.1	0.6
	处理器芯片 ASIC	7 615	114	1.5	0.1	5.0	0.2
	处理器芯片 CPU	9 237	516	5.6	0.6	8.3	1.0
技术层	感知与获取 合计	455 254	8 982	2.0	1.5	4.2	3.7
	感知与获取 自然语言处理	175 990	2 282	1.3	0.5	4.2	1.0
	感知与获取 机器视觉	25 483	1 013	4.0	0.2	5.1	0.5
	感知与获取 智能识别	249 212	6 618	2.7	1.5	4.4	3.1
	机器学习 合计	143 104	4 200	2.9	0.7	3.7	1.9
	机器学习 深度学习	24 997	3 416	13.7	2.4	13.8	3.2
	机器学习 稀疏学习	5 570	1 226	22.0	0.9	20.4	0.8
	机器学习 监督学习	11 305	551	4.9	0.4	7.3	0.5
	机器学习 半监督学习	1 361	256	18.8	0.2	18.1	0.2
	机器学习 无监督学习	2 615	375	14.3	0.3	13.8	0.3
	机器学习 强化学习	15 444	1 090	7.1	0.8	8.2	1.0
	知识与推理 合计	30 275	882	2.9	0.1	5.5	0.3
	知识与推理 知识库	24 234	865	3.6	2.9	6.5	5.6
	知识与推理 自动推理	3 049	127	4.2	0.4	6.7	0.7
	知识与推理 不确定推理	4 623	111	2.4	0.4	7.0	0.5

技术分类		全球专利申请总量/件	主要新进入者专利申请				
			数量/件	占全球总量比/%	占上级分类总量比/%	2016—2020年占全球2016—2020年总量比/%	2016—2020年占上级分类2016—2020年总量比/%
应用层	智能无人机	60 765	3 737	6.1	0.6	6.1	0.9
	自动驾驶	25 752	1 846	7.2	0.3	9.4	0.5
	智能装备	22 877	1 109	4.8	0.2	7.2	0.3
	智能机器人 合计	506 142	6 567	1.3	1.1	1.9	1.5
	工业机器人	40 251	729	1.8	0.1	2.8	0.2
	服务机器人	15 186	911	6.0	0.2	6.6	0.3
	特种机器人	29 567	1 516	5.1	0.3	7.5	0.5

在应用层的四个分支中，智能机器人技术领域申请量最多，其次是智能无人机技术，这两个领域是当前应用层分支中研究的重点方向。但2016—2020年占全球2016—2020年占比中，自动驾驶和智能装备两个技术分支占比最高，较总量占比提高了超过2个百分点，说明新进入者对于这两个领域的研究关注度较高。

从细分领域来看，在基础层算法领域的三级分支中，仿生算法和群智算法专利申请占全球比例最高。群智算法2016—2020年的专利申请占全球比例达到12.7%，是目前比较热门的研发领域。在处理器芯片的三级分支中，FPGA专利申请总量最高，是目前新进入者研究的重点领域。但2016—2020年占比提升最多的是NPU技术分支，说明新进入者对NPU技术的研究热度较高。在感知与获取的三级分支中，智能识别是研究的重点领域，自然语言处理技术则是新进入者研究的热点方向。在机器学习的三级分支中，深度学习的专利布局量最多，2016—2020年监督学习的研究热度有较大提高，是当前比较热门的研发领域。在知识与推理的三级分支中，知识库技术是新进入者研究的重点领域。在智能机器人的三级分支中，新进入者比较重视特种机器人的技术研发。

2.1.2.5 专利运营重点方向

对人工智能领域中国地区专利的运营情况进行分析，可以了解国内本土和国外来华专利的运营偏重，以及人工智能领域专利运营的重点。从表2.6的数据来看，人工智能产业国外来华申请的专利运营情况整体要优于国内本土的。

表 2.6　人工智能产业专利运营活跃度分析

技术分类			国外来华专利		国内本土专利	
			运营量/件	运营占比/%	运营量/件	运营占比/%
基础层			1 979	13.9	21 687	10.2
技术层			2 492	15.8	22 089	8.6
应用层			1 419	7.7	35 471	10.1
基础层	算法	合计	235	15.6	2 837	5.5
		搜索算法	135	17.4	1 678	7.7
		仿生算法	49	15.2	969	5.5
		群智算法	10	30.3	432	5.0
	处理器芯片	合计	439	12.2	5 599	11.8
		FPGA	41	11.1	2 730	11.0
		GPU	318	12.1	1 304	11.5
		NPU	1	2.9	30	8.4
		ASIC	53	15.4	366	27.2
		CPU	32	12.4	832	13.8
	智能传感器		901	15.3	4 857	11.0
	减速器		150	8.9	4 449	12.3
	云计算		266	16.0	4 103	10.6
技术层	感知与获取	合计	1 958	17.6	18 205	10.0
		自然语言处理	449	16.7	2 867	9.1
		机器视觉	33	6.7	1 282	6.7
		智能识别	1 439	18.0	14 352	10.5
	机器学习	合计	564	11.9	4 341	5.1
		深度学习	28	5.5	623	3.1
		稀疏学习	4	4.3	222	4.5
		监督学习	18	17.5	118	3.7
		半监督学习	5	25.0	28	2.5
		无监督学习	25	27.8	63	3.4
		强化学习	57	13.0	427	3.7
	知识与推理	合计	88	12.4	1 052	8.0
		知识库	80	10.9	893	7.9
		自动推理	5	10.4	128	9.4
		不确定推理	5	12.2	115	8.0

技术分类			国外来华专利		国内本土专利	
			运营量/件	运营占比/%	运营量/件	运营占比/%
应用层	智能机器人	合计	1 254	7.7	28 813	10.1
		工业机器人	96	9.4	2 219	10.4
		服务机器人	8	7.5	1 294	10.5
		特种机器人	77	7.5	1 596	11.0
	智能无人机		41	6.7	5 098	10.1
	自动驾驶		88	4.1	999	7.8
	智能装备		71	15.8	1 310	10.9

注：运营占比＝运营专利数/专利申请数。

在基础层、技术层和应用层三个分支中，国外来华申请在技术层的专利运营占比最高达到15.8%，其次是基础层13.9%，应用层最少，仅为7.7%。而国内本土申请则恰恰相反，基础层和应用层的运营占比较高，分别是10.2%和10.1%，技术层的运营占比仅为8.6%。

在基础层方面，国外来华申请在云计算领域的运营占比最高，达到16.0%；而国内本土申请则主要是在减速器领域，运营占比为12.3%。在具体技术分支方面，算法分支下国外来华申请的运营重点为群智算法，运营占比高达30.3%；国内本土申请则在搜索算法领域运营占比较高，达到7.7%。在处理器芯片分支下，国外来华申请和国内本土申请的运营重点都集中在ASIC芯片领域，运营占比分别为15.4%和27.2%。

在技术层方面，国外来华申请和国内本土申请的运营重点都集中在感知与获取分支，运营占比分别为17.6%和10.0%。在感知与获取分支下，国内外在华申请的专利运营重点都偏向智能识别领域，运营占比分别为18.0%（国外来华）和10.5%（国内本土）。在机器学习分支下，国外来华申请在无监督学习领域运营占比最高，达到27.8%；国内本土申请则在稀疏学习领域运营占比最高，为4.5%。在知识与推理分支下，国外来华申请的运营重点为不确定推理领域，运营占比达到12.2%；国内本土申请的运营重点则为自动推理领域，运营占比为9.4%。

在应用层方面，智能装备分支是运营重点，国内外在华申请的专利运营占比分别是 15.8%（国外来华）和 10.9%（国内本土）。在具体技术分支方面，智能机器人分支下国外来华申请的专利运营集中在工业机器人领域，运营占比为 9.4%；国内本土申请的运营重点则为特种机器人领域，专利运营占比为 11.0%。

2.1.3 小结

（1）人工智能产业全球专利申请总量约 1 601 889 件。其中，中国专利申请占比 51.4%，国外专利申请占比 48.6%。全球人工智能产业三大技术分支布局情况为：人工智能应用领域专利申请量占比 37.5%，技术层占比 36.8%，基础层占比 25.7%。2011 年以后，全球人工智能领域专利申请由技术层领域向应用层领域调整，目前全球技术布局的重心在应用层领域。

（2）人工智能产业的全球专利国家分布主要集中在中国、日本、美国、韩国和德国。在技术布局方面，美国、日本和韩国在技术层领域专利布局较多，中国和德国则在应用层领域专利申请数量较多。其中，中国虽起步较晚，但 2011—2020 年专利增长速度远超其他国家，目前在全球占据领先优势。2011—2020 年，各国对人工智能下游应用层的技术布局正不断加快。

（3）人工智能产业全球龙头企业申请人方面：全球专利申请前五名的企业有 IBM、三星电子、日立株式会社、国家电网和东芝株式会社。

在技术布局方面，各企业研究关注和投入的重点领域为技术层领域，其中，三星电子在不断加强技术层领域的专利布局，东芝的技术研发在向人工智能中下游领域调整。

（4）人工智能产业技术研发重点及热点方向见表 2.7。

表 2.7 人工智能产业技术研发重点及热点方向

技术分类	专利申请趋势		龙头企业	协同创新		新进入者	专利运用	
	国外	国内		国外	国内		国外	国内
基础层	★★	★★	★★	★	★★	—	★★	★★
技术层	★	★★★	★★★	★★	★★★	—	★★★	★
应用层	★★	★★★	★★	★★	★★★	—	★	★★

续表

技术分类			专利申请趋势		龙头企业	协同创新		新进入者	专利运用	
			国外	国内		国外	国内		国外	国内
器件结构	算法		★★★	★★★	★★★	★	★★★	★★	★★★	★
	算法	搜索算法	★★	★★	—	★	★★	★★	★★	★★
		仿生算法	★★★	★★★	—	★	★★	★★	★★	★
		群智算法	★★	★★★	—	★	★★★	★★	★★★	★
	处理器芯片		★★★	★★★	★★	★	★★	★★	★★	★★
	处理器芯片	FPGA	★★	★★	—	★	★★	★★	★★	★★
		GPU	★★	★★	—	★	★★	★★	★★	★★
		NPU	★★★	★★★	—	★★	★★★	★★★	★	★
		ASIC	★	★★	—	★	★★	★★	★★★	★★★
		CPU	★★	★★	—	★	★★	★★	★★	★★
	智能传感器		★★	★★	★★★	★	★★	★★	★★	★★
	减速器		★★	★★	★	★	★★	★★	★	★★
	云计算		★	★★★	★★★	★★	★★★	★★★	★★★	★★
技术层	感知与获取		★★	★★★	★	★★	★★★	★★	★★★	★★
	感知与获取	自然语言处理	★★	★★	—	★	★★	★★★	★★★	★★
		机器视觉	★★★	★★★	—	★★	★★★	★	★	★
		智能识别	★★	★★★	—	★★	★★	★★★	★★★	★★
	机器学习		★★★	★★★	★★★	★★★	★★★	★	★★	★
	机器学习	深度学习	★★★	★★★	—	★★★	★★	★	★	★
		稀疏学习	★★★	★★★	—	★★	★★★	★	★	★
		监督学习	★★	★★	—	★★	★★	★★	★★	★
		半监督学习	★★★	★★★	—	★★	★★	★★	★★★	★
		无监督学习	★★★	★★★	—	★★	★★★	★	★★★	★
		强化学习	★★	★★★	—	★★	★★	★★	★★	★
	知识与推理		★★	★★	★	★	★★	★★	★★	★
	知识与推理	知识库	★★★	★★★	—	★	★★★	★★	★★	★★
		自动推理	★★★	★★★	—	★★	★★	★★	★★	★★
		不确定推理	★	★★	—	★	★★	★★★	★★★	★★

续表

技术分类		专利申请趋势		龙头企业	协同创新		新进入者	专利运用	
		国外	国内		国外	国内		国外	国内
应用层	智能机器人	★★	★★	★★	★★	★★★	★	★	★★
	智能机器人 工业机器人	★★	★★★	—	★★	★★★	★★	★★	★★
	服务机器人	★★★	★★★	—	★★★	★★★	★	★	★★
	特种机器人	★★★	★★★	—	★★★	★★★	★★★	★	★★
	智能无人机	★★★	★★★	★★★	★★★	★★★	★★★	★	★★
	自动驾驶	★★★	★★★	★★★	★★★	★★	★★	★	—
	智能装备	★★	★★	★	★★	★★★	★★★	★★	★★

说明："★"越多表示研发热度越高。

2.2　济南市人工智能产业发展定位分析

2.2.1　人工智能产业结构定位

以下将统计人工智能产业全球、美国、日本、韩国、中国和国外来华、中国本土及山东省在各技术分支的专利数量、占比情况并与济南市进行对比，以了解济南市人工智能产业的产业结构情况和专利储备定位。

从表 2.8 的数据看，人工智能产业全球的专利申请主要集中在技术层和应用层，产业占比分别为 36.8% 和 37.5%。相较之下，基础层的专利申请略少，产业占比为 25.7%。美国在该产业的专利申请偏重技术层，产业占比为 36.2%，其次是基础层 26.2%，应用层仅占 19.2%。日本和韩国在人工智能产业的研发创新均偏重技术层，产业占比分别为 49.7%、43.8%；其次是应用层，产业占比分别是 34.2%、38.5%；基础层的产业占比最低，分别为 19.2% 和 29.6%。从中国的专利分布来看，在人工智能领域，无论是国外来华申请还是中国本土申请，专利申请均偏重应用层，其次是技术层，基础层最低。山东省人工智能产业的研发创新也是偏重应用层，产业占比为 48.4%，超过了全国指标。济南市在应用层的产业占比为 39.8%，低于山东省，高于全国指标；基础层的产业占比为 36.7%，高于山东省和全国指标；技术层的产业占比为 29.9%，高于山东省，低于全国。

表2.8　人工智能领域产业结构专利定位分析

技术领域	指标	全球	美国	日本	韩国	中国	国外来华	中国本土	山东省	济南市
基础层	申请量/件	412 085	70 825	42 668	17 092	225 992	14 220	211 772	10 820	4 434
	占上级比/%	25.7	26.2	19.2	29.6	27.4	30.1	27.3	29.8	36.7
算法	申请量/件	74 315	9 588	3 922	1 935	52 789	1 511	51 278	1 974	894
	占上级比/%	18.0	13.5	9.2	11.3	23.4	10.6	24.2	18.2	20.2
处理器芯片	申请量/件	80 790	13 792	5 609	2 710	50 886	3 598	47 288	2 538	1 169
	占上级比/%	19.6	19.5	13.1	15.9	22.5	25.3	22.3	23.5	26.4
智能传感器	申请量/件	138 579	29 983	22 258	8 886	49 995	5 898	44 097	2 362	799
	占上级比/%	33.6	42.3	52.2	52.0	22.1	41.5	20.8	21.8	18.0
减速器	申请量/件	58 530	3 356	8 855	1 405	37 912	1 688	36 224	1 975	269
	占上级比/%	14.2	4.7	20.8	8.2	16.8	11.9	17.1	18.3	6.1
云计算	申请量/件	60 172	12 071	959	1 558	40 398	2 022	38 376	2 280	1 434
	占上级比/%	14.6	17.0	2.2	9.1	17.9	14.2	18.1	21.1	32.3
技术层	申请量/件	590 591	98 013	110 269	25 279	273 594	15 760	257 834	9 657	3 622
	占上级比/%	36.8	36.2	49.7	43.8	33.2	33.4	33.2	26.6	29.9
感知与获取	申请量/件	455 266	75 439	98 190	20 240	193 765	11 109	182 656	6 779	2 290
	占上级比/%	77.1	77.0	89.0	80.1	70.8	70.5	70.8	70.2	63.2

技术领域	指标	全球	美国	日本	韩国	中国	国外来华	中国本土	山东省	济南市
机器学习	申请量/件	143 104	21 978	10 383	4 541	90 393	4 754	85 639	3 102	1 414
	占上级比/%	24.2	22.4	9.4	18.0	33.0	30.2	33.2	32.1	39.0
知识与推理	申请量/件	30 275	5 704	5 928	1 408	13 922	711	13 211	690	323
	占上级比/%	5.1	5.8	5.4	5.6	5.1	4.5	5.1	7.1	8.9
应用层	申请量/件	601 555	51 936	75 862	22 202	368 301	18 503	349 798	17 595	4 818
	占上级比/%	37.5	19.2	34.2	38.5	44.7	39.2	45.1	48.4	39.8
智能机器人	申请量/件	506 164	42 776	71 304	17 711	302 617	16 294	286 323	15 049	4 276
	占上级比/%	84.1	82.4	94.0	79.8	82.2	88.1	81.9	85.5	88.8
智能无人机	申请量/件	60 765	2 953	656	1 368	51 145	613	50 532	2 104	395
	占上级比/%	10.1	5.7	0.9	6.2	13.9	3.3	14.4	12.0	8.2
自动驾驶	申请量/件	25 755	3 207	2 443	1 308	14 865	2 130	12 735	431	160
	占上级比/%	4.3	6.2	3.2	5.9	4.0	11.5	3.6	2.4	3.3
智能装备	申请量/件	22 877	3 431	1 568	2 179	12 447	450	11 997	498	167
	占上级比/%	3.8	6.6	2.1	9.8	3.4	2.4	3.4	2.8	3.5

　　从具体技术分支来看，在基础层，全球及主要发达国家的专利申请偏重智能传感器领域，中国的专利申请则偏重算法领域，山东省的专利申请偏重处理器芯片领域，济南市则聚焦于云计算方面；在技术层，全球、主要发达国家、中国、山东省、济南市的专利申请都偏重感知与获取技术方面；在应用层，全球、主要发达国家、中国、山东省、济南市的专利申请则偏重智能机器人方面。

2.2.2 人工智能产业技术创新能力定位

下文对人工智能产业各技术分支在各市的专利产出进行排名，通过统计分析济南市在人工智能产业的专利产出实力，了解其在全国所处的地位。

图 2.3 是人工智能产业各技术分支各市专利产出排名 TOP9 和济南市的情况。对济南市在人工智能产业各技术分支的发明授权、有效专利等指标进行对比分析，以了解济南市在人工智能产业各技术分支的专利质量；综合济南市的专利产出实力和专利质量情况，可以了解济南市的技术创新实力。

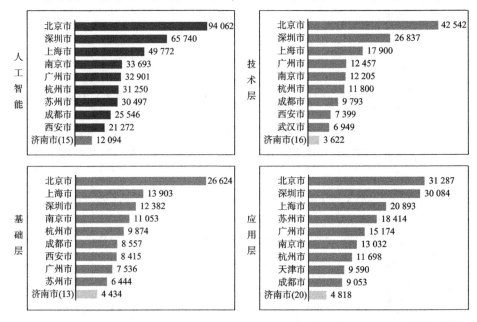

图 2.3 人工智能产业各技术分支专利产出城市 TOP9 和济南市排名情况（单位：件）

从专利产出情况来看，人工智能产业全国的专利产出主要集中在北京、上海、广州和深圳等地区。其中，北京市排名第一，专利申请量为 94 062 件；其次是深圳市，专利申请量为 65 740 件；上海市位居第三，专利申请量为 49 772 件；济南市 12 094 件，排名第 15，整体来看济南市在人工智能产业的专利产出在全国处于中等偏上水平。从二级分支来看，北京市在技术层、基础层和应用层的专利产出均位居第一，领先优势明显。上海市基础层的专利产出排名第二，技术层和应用层的专利产出略弱于深圳市，排名第三。济南市技术层的专利产出处于第 16 位，基础层的专利产出在全国排名第 13 位，应用层的则居于第 20 位。

图 2.4 是人工智能产业基础层细分领域各市专利产出排名 TOP9 和济南市排名情况。分析基础层各重点技术分支的专利产出排名发现，北京市在所有重点技术分支中的专利产出均位居全国第一，并且除减速器和智能传感器领域以外，在算法、处理器芯片和云计算领域的领先优势明显。

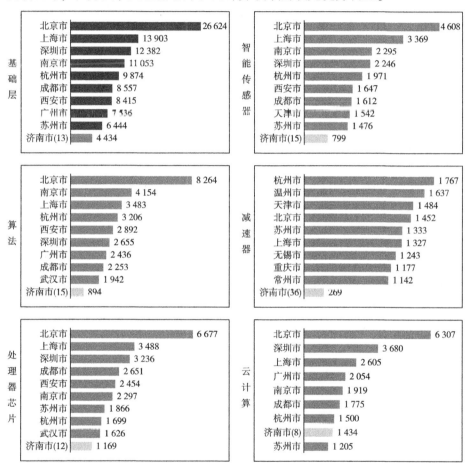

图 2.4　基础层各细分领域专利产出城市 TOP9 和济南市排名情况（单位：件）

从济南市的数据来看，济南市在整个基础层的专利产出位居全国第 13。在重点技术分支方面，除减速器分支以外，其他分支的专利产出实力排名均处于前 15。其中，云计算分支的专利产出实力排名最靠前，处于第八位，领先苏州市和武汉市。在减速器分支，济南市的专利申请量为 269 件，处于第 36 位。

图 2.5 是人工智能产业技术层细分领域各市专利产出排名 TOP9 和济南市排名情况。在技术层，专利产出排名前三的分别是北京市（42 542 件，第一）；深圳市（26 837 件，第二）和上海市（17 900 件，第三）；济南市的专利申请量为 3622 件，排名第 16 位。从技术层的重点技术分支来看，北京市在机器学习、感知与获取和知识与推理分支的专利产出均位于首位，且与第二位的差距明显。

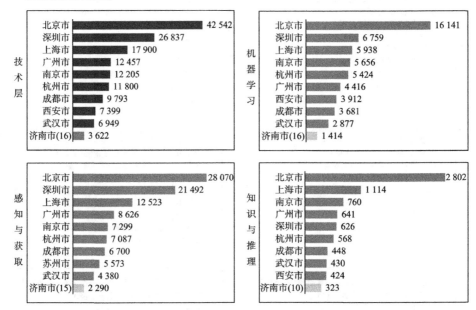

图 2.5　技术层细分领域专利产出城市 TOP9 和济南市排名情况（单位：件）

济南市在技术层的专利产出为 3622 件，处于第 16 位。其中，在机器学习分支，济南市专利申请量为 1414 件，处于第 16 位；在感知与获取分支，为 2290 件，处于第 15 位；在知识与推理分支，为 323 件，处于第 10 位。

图 2.6 是人工智能产业应用层细分领域各市专利产出排名 TOP9 和济南市排名情况。在应用层，整体的专利产出实力靠前的两个市分别为北京市和深圳市，专利申请量为 31 287 件和 30 084 件；济南市的专利产出为 4818 件，处于第 20 位。从应用层的具体技术分支来看，北京市整体实力靠前，尤其是

在自动驾驶和智能装备领域，专利申请量位居第一且大幅领先第二名，在智能机器人领域排名处于第二位。

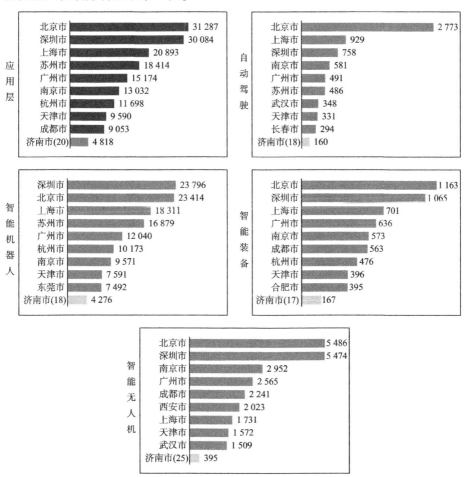

图 2.6　应用层细分领域专利产出城市 TOP9 和济南市排名情况（单位：件）

济南市在应用层智能装备分支下的专利产出实力最强，排名第 17 位；在智能无人机分支下实力最弱，排名第 25 位；在自动驾驶和智能机器人领域均处于第 18 位。

经检索、计算相关数据，可得表 2.9。表 2.9 揭示了济南市与全国及山东省人工智能产业专利质量对比情况。从专利质量来看，在人工智能领域的全国专利中，国外来华的发明授权占比最高，达到 42.4%；济南市的发明授权占比为27.7%，超过了山东省（26.3%），达到全国水平（27.7%）。在有效专利占比方面，山东省的有效占比最高，为39.0%；济南市的有效占比仅为10.3%，远低于山东省和全国整体水平。

表2.9 济南市与全国及山东省人工智能产业专利质量对比

技术领域	发明授权占比/%					有效专利占比/%				
	全国	国外来华	中国本土	山东省	济南市	全国	国外来华	中国本土	山东省	济南市
人工智能	27.7	42.4	26.4	26.3	27.7	38.1	33.6	38.4	39.0	10.3
基础层	33.0	50.8	31.3	27.7	25.3	35.4	39.0	35.2	33.4	28.1
算法	33.5	41.5	33.2	29.1	29.3	27.7	25.9	27.8	23.8	24.2
处理器芯片	37.2	51.7	35.6	29.7	23.5	38.4	37.6	38.5	38.0	29.3
智能传感器	40.2	53.6	37.2	39.8	44.6	41.0	40.8	41.0	39.5	39.3
减速器	28.8	58.0	24.9	24.8	23.2	45.0	50.5	44.7	43.3	43.5
云计算	23.1	40.7	22.3	16.2	15.3	27.0	36.8	26.6	22.1	20.2
技术层	24.3	39.2	23.2	21.5	24.8	27.8	26.6	27.8	26.0	26.5
感知与获取	24.9	44.7	23.2	20.6	23.3	30.5	29.9	30.5	28.4	28.0
机器学习	22.9	24.1	22.9	21.7	25.8	21.4	18.7	21.5	20.1	22.5
知识与推理	26.2	38.1	25.5	27.4	30.9	21.6	23.3	21.6	24.3	29.1
应用层	26.8	38.2	25.7	28.9	34.3	46.4	35.0	47.0	48.3	47.4
智能机器人	27.9	39.5	26.7	29.8	34.6	46.4	36.3	47.0	47.7	46.7
智能无人机	18.9	14.8	19.0	22.3	33.2	46.5	15.7	46.9	53.2	57.0
自动驾驶	19.6	19.1	19.7	18.4	16.9	31.7	19.9	33.6	37.4	29.4
智能装备	21.2	45.1	19.9	15.8	19.7	31.6	27.6	31.7	28.1	25.1

注：发明授权占比=发明授权专利量/发明专利总量；有效专利占比=有效专利量/专利总量。

在基础层、技术层和应用层方面，国外来华申请的发明授权占比始终处于领先水平。从全国整体的发明授权占比来看，基础层占比最高为33.0%，其次是应用层占比26.8%，技术层最低，为24.3%。济南市在基础层方面发明授权占比低于山东省和全国水平；在技术层和应用层方面发明授权占比均高于山东省和全国水平；尤其是在应用层领域，发明授权占比达到 34.3%。在有效专利占比方面，基础层是国外来华申请的有效占比最高，技术层和应用层则是中国本土申请的有效占比最高。济南市在基础层的有效占比为 28.1%，低于山东省和全国；在技术层的有效占比为 26.5%，高于山东省，低于全国；在应用层的有效占比为 47.4%，低于山东省，高于全国。

从基础层的各技术分支来看，济南市的有效专利占比均低于全国水平，但是在算法和减速器分支方面，有效占比高于山东省。在技术层的各技术分支中，济南市在感知与获取分支的有效专利占比低于全国和山东省，在机器学习和知识与推理分支的有效占比则高于全国和山东省。在应用层，济南市仅在智能无人机分支的有效专利占比超过全国和山东省；在智能机器人、自动驾驶和智能装备分支，有效专利占比均低于全国和山东省。

2.2.3　人工智能产业企业创新能力定位

为进一步了解济南市人工智能产业整体企业和龙头企业创新能力，以下重点对济南市人工智能产业整体企业创新分布情况、企业申请城市排名、不同分支龙头企业（全球、中国、山东、济南）进行分析。

表 2.10 是济南市人工智能产业企业创新能力定位情况。从济南市人工智能产业及分支领域企业专利申请情况来看，人工智能产业中国专利申请总量为 823 309 件。其中，企业申请量为 601 264 件，占国内申请量的 73.0%；济南市人工智能产业专利申请为 12 094 件，企业申请量为 6930 件，占济南申请量的 57.3%，占全国企业申请量的 1.2%，企业申请量在全国排名第 17。

表 2.10　济南市人工智能产业企业创新能力定位

技术领域	全国			济南市				
	申请总量/件	企业申请量/件	企业申请占比/%	申请总量/件	企业申请量/件	企业申请量占比/%	企业申请量全国占比/%	企业申请量全国排名
人工智能	823 309	601 264	73.0	12 094	6 930	57.3	1.2	17

续表

技术领域	全国			济南市				
	申请总量/件	企业申请量/件	企业申请占比/%	申请总量/件	企业申请量/件	企业申请量占比/%	企业申请量全国占比/%	企业申请量全国排名
基础层	225 992	139 530	61.7	4 434	2 987	67.4	2.1	10
算法	52 789	20 307	38.5	894	432	48.3	2.1	10
处理器芯片	50 886	34 146	67.1	1 169	964	82.5	2.8	10
智能传感器	49 995	30 566	61.1	799	255	31.9	0.8	21
减速器	37 912	29 148	76.9	269	175	65.1	0.6	38
云计算	40 398	28 698	71.0	1 434	1 258	87.7	4.4	6
技术层	273 594	171 078	62.5	3 622	1 932	53.3	1.1	15
感知与获取	193 765	133 870	69.1	2 290	1 319	57.6	1.0	20
机器学习	90 393	42 004	46.5	1 414	628	44.4	1.5	11
知识与推理	13 922	7 686	55.2	323	176	54.5	2.3	9
应用层	368 301	247 265	67.1	4 818	2 405	49.9	1.0	25
智能机器人	302 617	201 530	66.6	4 276	2 089	48.9	1.0	22
智能无人机	51 145	34 525	67.5	395	221	55.9	0.6	29
自动驾驶	14 865	10 739	72.2	160	93	58.1	0.9	19
智能装备	12 447	8 356	67.1	167	98	58.7	1.2	9

从人工智能产业三大分支领域来看，在基础层领域，基础层国内企业申请量占比为61.7%，济南市企业申请量占比为67.4%，占全国企业申请量的2.1%，济南市在全国企业申请量城市排名第10，处于上游地位；在分支技术中，除算法技术外，其余技术全国企业申请量占比均在60%以上，算法技术的全国企业申请量占比仅为38.5%；济南市在云计算和处理器芯片技术方面企业申请量占比较高，达到80%以上，但在算法和智能传感器方面则不足50%；在全国企业申请量占比和城市排名方面，济南市在云计算技术领域占比最高，达到4.4%，全国排名第六，在算法和处理器芯片技术领域，排名均为第10，在智能传感器和减速器技术领域企业申请量则相对欠缺，占比不足1%，排名在20位以外。

在技术层领域，技术层全国企业申请量占比为 62.5%，济南市企业申请量占比为 53.3%，略低于全国占比，企业申请量全国占比为 1.1%，全国城市排名为第 15。具体分支技术方面，感知与获取和知识与推理技术全国企业申请量占比超过 50%，机器学习技术不足 50%；济南市三个分支技术企业占比排名和全国一致，感知与获取技术最高，为 57.6%；在全国企业申请量占比和城市排名方面，知识与推理技术较突出，企业申请量全国占比为 2.3%，全国排名第九。

在应用层领域，应用层全国企业申请量占比为 67.1%，济南市企业申请量占比为 49.9%，低于全国占比，企业申请量全国占比仅为 1.0%，全国排名相对基础层、技术层靠后，仅排名第 25。细分技术中，四个分支技术的全国企业申请量占比均在 60% 以上，其中自动驾驶技术占比最高，达到 72.2%；济南市在四个分支中，企业申请占比均在 60% 以下，其中智能机器人技术企业申请占比不足 50%；在企业申请量全国占比和城市排名方面，智能装备技术占比较高，为 1.2%，全国排名第九。

表 2.11 是人工智能产业算法、处理器芯片领域济南市企业创新能力专利定位情况。算法技术分支领域下，全国企业申请量占比均在 40% 以下，济南市搜索算法技术企业申请量占比达到 52.8%，高于仿生算法、群智算法技术，济南市群智算法技术企业申请的全国占比较高，为 2.6%，排名全国第八，处于中上游位置。

表 2.11　人工智能产业算法、处理器芯片领域济南市企业创新能力专利定位

技术领域		全国			济南市				
		申请总量/件	企业申请量/件	企业申请量占比/%	申请总量/件	企业申请量/件	企业申请量占比/%	企业申请量全国占比/%	企业申请全国排名
基础层	算法	52 789	20 307	38.5	894	432	48.3	2.1	10
	搜索算法	22 627	8 404	37.1	324	171	52.8	2.0	10
	仿生算法	17 795	5 087	28.6	271	104	38.4	2.0	11
	群智算法	8 697	2 304	26.5	166	61	36.7	2.6	8

技术领域		全国			济南市				
		申请总量/件	企业申请量/件	企业申请量占比/%	申请总量/件	企业申请量/件	企业申请量占比/%	企业申请量全国占比/%	企业申请量全国排名
基础层	处理器芯片	50 886	34 146	67.1	1 169	964	82.5	2.8	10
	FPGA	25 206	15 581	61.8	663	568	85.7	3.6	9
	GPU	13 914	9 954	71.5	197	151	76.6	1.5	14
	NPU	391	276	70.6	6	5	83.3	1.8	7
	ASIC	1 689	1 380	81.7	26	18	69.2	1.3	12
	CPU	6 284	4 414	70.2	200	178	89.0	4.0	7

在处理器芯片分支领域下，五个分支技术全国企业申请量占比均在 60% 以上，其中 ASIC 技术最高，占比 81.7%；济南市在 CPU 技术、FPGA 技术和 NPU 技术方面企业申请量占比在 80% 以上。其中，CPU 技术和 FPGA 技术企业申请量分别占全国企业申请量的 4.0% 和 3.6%，处于前列，CPU 技术和 NPU 技术全国排名第七，表现突出。

表 2.12 是济南市人工智能产业技术层细分领域企业创新能力定位分析（四级分支）。在感知与获取领域分支下，全国企业申请量占比最高的是智能识别技术和自然语言处理技术，占比分别是 72.5% 和 67.3%；济南市企业申请量占比第一的是自然语言处理技术，占比为 65.5%，企业申请量全国占比和排名最好的也是自然语言处理技术，排名第 13。

表 2.12　济南市人工智能产业企业创新能力定位分析（四级分支）

技术领域		全国			济南市				
		申请总量/件	企业申请量/件	企业申请量占比/%	申请总量/件	企业申请量/件	企业申请量占比/%	企业申请量全国占比/%	企业申请量全国排名
技术层	感知与获取	193 765	133 870	69.1	2 290	1 319	57.6	1.0	20
	自然语言处理	34 257	23 057	67.3	475	311	65.5	1.3	13
	机器视觉	19 695	9 792	49.7	247	119	48.2	1.2	17

技术领域		全国			济南市				
		申请总量/件	企业申请量/件	企业申请量占比/%	申请总量/件	企业申请量/件	企业申请量占比/%	企业申请量全国占比/%	企业申请全国排名
技术层	智能识别	144 101	104 464	72.5	1 628	938	57.6	0.9	22
	机器学习	90 393	42 004	46.5	1 414	628	44.4	1.5	11
	深度学习	20 544	10 088	49.1	409	261	63.8	2.6	10
	稀疏学习	4 998	924	18.5	70	15	21.4	1.6	12
	监督学习	3 276	1 173	35.8	57	26	45.6	2.2	9
	半监督学习	1 161	296	25.5	19	7	36.8	2.4	9
	无监督学习	1 954	682	34.9	28	7	25.0	1.0	12
	强化学习	11 956	4 069	34.0	186	53	28.5	1.3	12
	知识与推理	13 922	7 686	55.2	323	176	54.5	2.3	9
	知识库	11 936	6 940	58.1	286	160	55.9	2.3	10
	自动推理	1 411	605	42.9	29	16	55.2	2.6	10
	不确定推理	1 476	473	32.0	28	9	32.1	1.9	12

在机器学习领域分支下，全国和济南市企业申请占比最高的均是深度学习技术，企业申请占比分别是 49.1% 和 63.8%，占比最低的均是稀疏学习技术，占比仅在 20% 左右。济南市企业申请量排名靠前的是监督学习和半监督学习技术，均排名第九。

在知识与推理领域分支下，知识库技术在全国企业申请量占比、济南市企业申请量占比均在 50% 以上，自动推理技术的企业申请量全国企业占比稍高，达到 2.6%，三个分支技术的企业申请量排名均在全国第 10 名左右，相差不大。

表 2.13 是济南市人工智能产业智能机器人领域企业创新能力专利定位情况。在智能机器人分支中，工业机器人技术全国企业申请量占比表现最佳，其次是服务机器人技术；济南市企业申请量占比排名依次是工业机器人、特种机器人和服务机器人，其中特种机器人技术企业申请量全国占比稍高，为 1.3%，全国排名第 18。

表 2.13　人工智能产业智能机器人领域企业创新能力定位分析（四级分支）

技术领域		全国			济南市				
		申请总量/件	企业申请量/件	企业申请量占比/%	申请总量/件	企业申请量/件	企业申请量占比/%	企业申请量全国占比/%	企业申请全国排名
应用层	智能机器人	302 617	201 530	66.6	4 276	2 089	48.9	1.0	22
	工业机器人	22 433	16 002	71.3	312	175	56.1	1.1	23
	服务机器人	12 435	8 163	65.6	123	36	29.3	0.4	33
	特种机器人	15 529	9 168	59.0	298	119	39.9	1.3	18

　　图 2.7 是人工智能产业企业专利产出城市 TOP10 和济南市排名。从人工智能产业及三大领域来看，北京市企业申请在人工智能领域、基础层和技术层均排名第一，深圳市在应用层领域位居第一；济南市企业申请量仅在基础层排名第 10 位，申请量为 2987 件，其余领域均在 10 名之外。

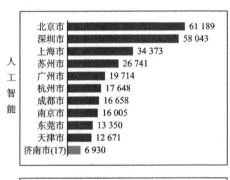
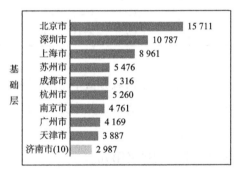
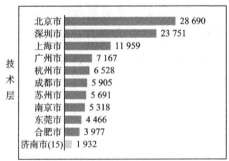
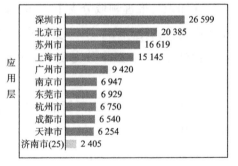

图 2.7　人工智能产业企业专利产出城市 TOP10 和济南市排名情况（单位：件）

整体来看，北京市、深圳市在人工智能产业及细分领域企业实力强劲，济南市企业申请优势主要是基础层领域。

图2.8是人工智能产业基础层细分领域（三级分支）企业专利产出城市TOP10和济南市排名情况。对基础层领域细分技术的企业申请量进行分析，除减速器技术外，北京市在其他细分技术方面依然稳居第一，减速器技术方面企业申请排名第一的是杭州市。济南市在云计算技术方面优势明显，申请量为1258件，排名第六；在算法和处理器芯片技术方面企业申请量排名第10；在智能传感器和减速器技术方面则相对欠缺，申请量未进入前10。

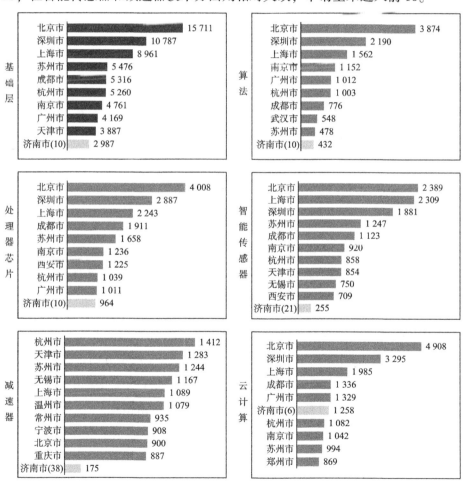

图2.8　人工智能产业基础层细分领域（三级分支）企业专利产出城市TOP10和济南市排名情况（单位：件）

图 2.9 是人工智能产业基础层算法细分领域企业专利产出城市 TOP10 和济南市排名情况。在算法分支技术领域，企业申请量排名第一的依然是北京市，实力出众；济南市在群智算法技术方面排名第八，搜索算法技术方面排名第 10 位，仿生算法技术方面 10 名以外。

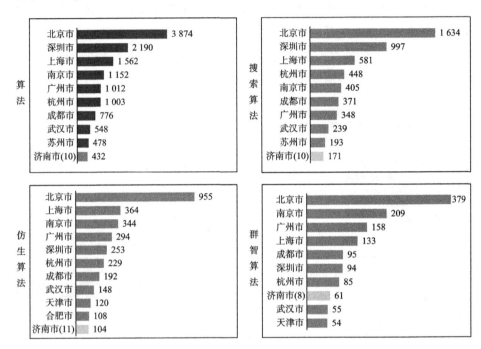

图 2.9 人工智能产业算法领域（四级分支）企业专利产出城市 TOP10
和济南市排名情况（单位：件）

图 2.10 是人工智能产业基础层处理器芯片细分领域企业专利产出城市 TOP10 情况。在处理器芯片分支技术领域，除 ASIC 技术方面，北京市在其余四个技术方面企业申请量均排名第一，其中 FPGA 技术企业申请量最高，为 2143 件；ASIC 技术方面位居榜首的是潍坊市。济南市在 CPU 技术和 NPU 技术方面均排名第七，有一定优势，但 NPU 技术企业申请量仅 5 件；在 FP-GA 技术方面排名第九，在 GPU 技术和 ASIC 技术方面 10 名之外。

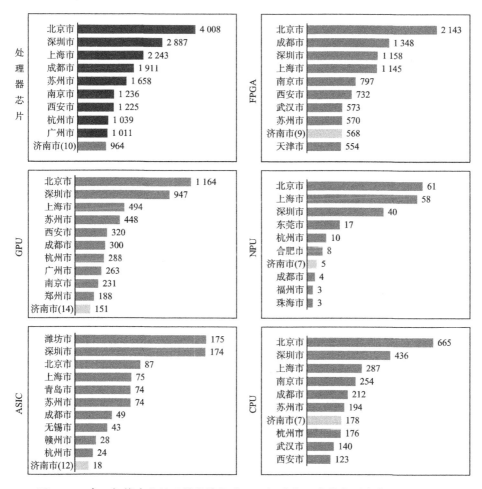

图 2.10　人工智能产业处理器芯片领域（四级分支）企业专利产出城市 TOP10

和济南市排名情况（单位：件）

　　图 2.11 是人工智能产业技术层细分领域（三级分支）企业专利产出城市 TOP10 和济南市排名情况。在技术层细分领域，企业申请量排名第一的是北京市，感知与获取技术企业申请量最高，为 20 691 件，深圳市在感知与获取技术、机器学习技术方面位居第二，上海市在知识与推理技术方面位居第二；济南市在知识与推理技术方面排名第九，申请量为 176 件。

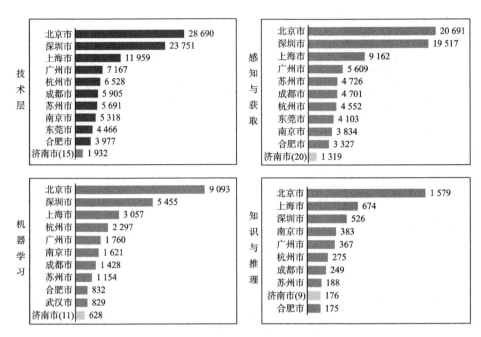

**图2.11　人工智能产业技术层（三级分支）企业专利产出城市 TOP10
和济南市排名情况（单位：件）**

图 2.12 是人工智能产业技术层感知与获取领域（四级分支）企业专利产出城市 TOP10 和济南市排名情况。其中，北京市企业申请量在自然语言处理和机器视觉技术方面排名第一，深圳市则在智能识别技术方面位居榜首，企业申请量为 15 526 件，可见北京市和深圳市在细分技术方面实力雄厚，济南市未在感知与获取细分技术方面进入前 10 名，企业创新实力有待加强。

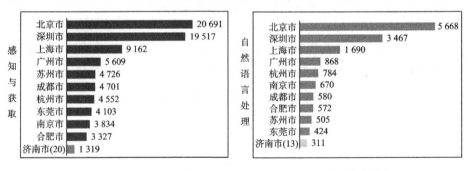

**图2.12　人工智能产业感知与获取领域（四级分支）企业专利产出城市 TOP10
和济南市排名情况（1）（单位：件）**

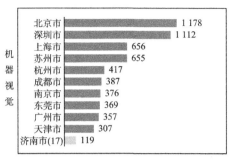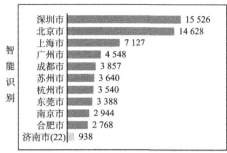

图 2.12　人工智能产业感知与获取领域（四级分支）企业专利产出城市 TOP10 和济南市排名情况（2）（单位：件）

图 2.13 是人工智能产业技术层机器学习细分领域（四级分支）企业专利产出城市 TOP10 和济南市排名情况。在机器学习细分技术方面，除强化学习技术外，北京市企业申请量在其余细分技术方面均排第一，其中深度学习技术企业申请量最高，为 2483 件，深圳市在各分支技术方面均为第二；济南市在监督学习和半监督学习技术方面均排名九，在深度学习技术方面排名第 10。

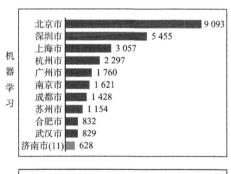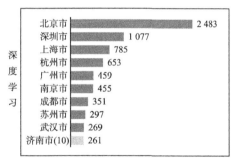

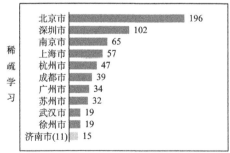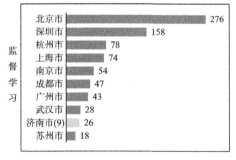

图 2.13　人工智能产业机器学习细分领域（四级分支）企业专利产出城市 TOP10 和济南市排名情况（1）（单位：件）

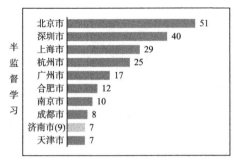
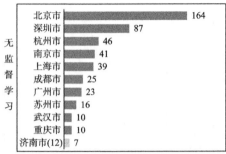
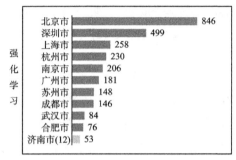

图 2.13　人工智能产业机器学习细分领域（四级分支）企业专利产出城市 TOP10 和济南市排名情况（2）（单位：件）

图 2.14 是人工智能产业技术层知识与推理细分领域（四级分支）企业专利产出城市 TOP10 和济南市排名情况。在知识与推理分支技术领域，北京市各分支技术方面均位列第一，知识库技术方面企业申请量偏高，为 1464 件；其中自动推理技术和不确定推理技术方面排名第二的是南京市，知识库技术排名第二的是上海市；济南市在知识库和自动推理技术方面排名第 10，企业申请量分别为 160 件和 16 件。

图 2.15 是人工智能产业应用层细分领域（三级分支）企业专利产出城市 TOP10 和济南市排名情况。从人工智能产业应用层分支技术领域来看，深圳市在智能机器人、智能无人机和智能装备技术方面均位居首位，其中智能机器人企业申请量为 20 853 件，申请量最高，北京市则在自动驾驶技术方面表现突出；济南市企业申请量在应用层细分领域未进入前 10，济南市人工智能应用水平有待提升。

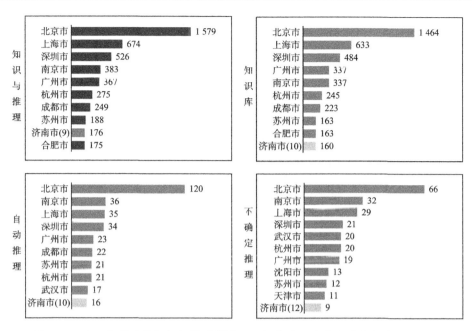

图 2.14　人工智能产业知识与推理领域（四级分支）企业专利产出城市 TOP10 和济南市排名情况（单位：件）

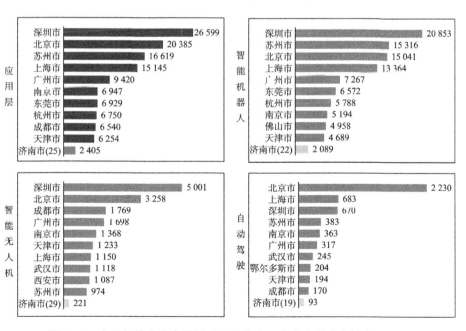

图 2.15　人工智能产业应用层（三级分支）企业专利产出城市 TOP10 和济南市排名情况（1）（单位：件）

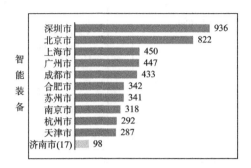

图 2.15 人工智能产业应用层（三级分支）企业专利产出城市 TOP10 和济南市排名情况（2）（单位：件）

图 2.16 是人工智能产业应用层智能机器人细分领域（四级分支）企业专利产出城市 TOP10 和济南市排名情况。在智能机器人分支技术领域，深圳市在服务机器人和特种机器人技术方面排名第一，工业机器人技术企业申请量排名第一的是苏州市，申请量为 1157 件；济南市未进入智能机器人分支技术方面前 10，表现欠佳。

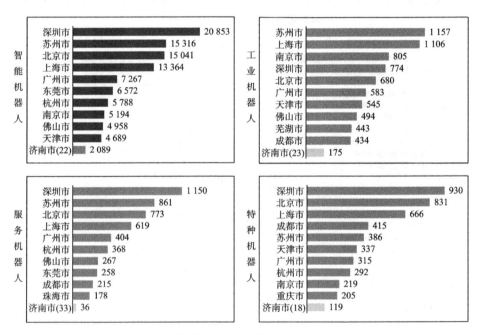

图 2.16 人工智能产业智能机器人领域（四级分支）企业专利产出城市 TOP10 和济南市排名情况（单位：件）

图 2.17 是人工智能产业各技术领域主要企业申请人 TOP5 情况。从人工智能产业及细分领域主要企业的专利申请情况可以发现，人工智能产业全球专利申请量排名前五的均为国外企业，其中 IBM 申请量最高，为 17 420 件；中国专利申请量最高的是国家电网，申请量为 8320 件，为第二名的腾讯科技（深圳）2 倍之多；山东省排名前三的申请人为浪潮电子信息、国网智能科技与浪潮高新科技投资；济南市人工智能产业申请量最高的企业是浪潮电子信息，申请量为 674 件，国网智能科技次之，浪潮高新科技投资发展和山东电力公司电科院分别排名第三和第四——前五名中有三名均来自浪潮集团及其子公司，可见浪潮集团在济南市人工智能领域处于龙头地位。

从细分领域来看，基础层领域，全球专利申请量排名前五的企业以国外申请人为主，IBM 申请量最高；中国专利申请量排名前五的企业以国家电网为首，郑州云海信息排名第二。山东省和济南市前五名企业中前四位相同，其中浪潮电子信息排名第一，申请量为 580 件，浪潮集团排名第二，浪潮高新科技投资排名第三。排名前三的企业为浪潮集团或其子公司，浪潮集团在基础层领域研发实力在济南市乃至山东省均名列前茅，在中国本土企业中研发实力也相对较强，但与国外龙头企业相比还存在一些差距。

技术层领域，全球专利申请量前五的企业由 IBM 和四家日本企业组成，中国专利申请量排名第一的企业仍然是国家电网，第二和第三分别是腾讯科技（深圳）和平安科技（深圳），但中国专利申请量排名前三的企业与国外龙头企业相比，存在较大差距。山东省在技术层领域专利申请量最高的企业是浪潮高新科技投资，其次是海信视像科技与浪潮电子信息。济南市在技术层领域专利申请量最高的企业是浪潮高新科技投资，但该公司与全国排名前五的企业相比存在很大差距。由此可见，在技术层领域济南市企业需要进一步提升研发实力。

应用层领域，全球专利申请量前五申请人为三家日本企业和两家韩国企业，发那科位居首位。中国专利申请量排名前五的企业中，国家电网位居首位，其次是珠海格力电器与深圳大疆，山东省企业未出现其中。山东省专利申请量排名前五的企业分别是国网智能科技股份、山东电力公司电科院、歌尔科技、歌尔股份及浪潮高新科技投资。济南排名前三的申请人在山东排名前五，其中国网智能科技股份在山东省和济南市均位列第一，表现不俗。

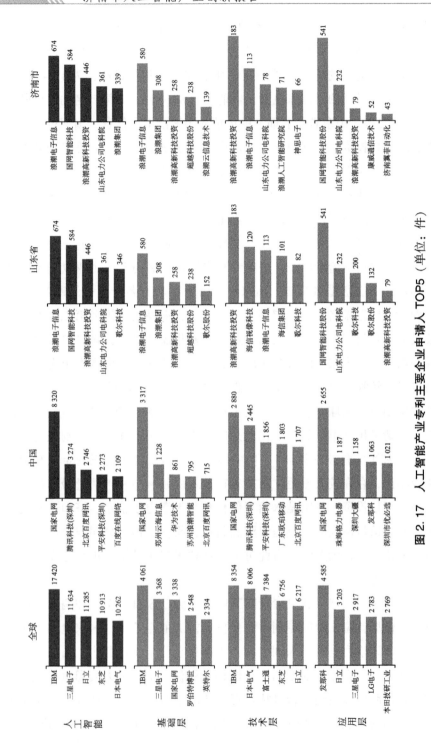

图 2.17 人工智能产业专利主要企业申请人 TOP5（单位：件）

图 2.18 是人工智能产业基础层各细分领域主要企业申请人 TOP5 情况。从基础层细分领域主要企业的专利申请情况可以发现，算法领域全球专利申请量排名前五的为三家外国企业与两家中国企业。其中，国家电网申请量最高，为 1488 件，其次是 IBM，华为技术的申请量排名第三。中国专利申请量排名前五的企业均为中国企业，其中国家电网的申请量最高，其次是平安科技（深圳）与华为技术，山东省企业未进入中国前五。山东省排名前三的申请人为山东电力公司电科院、浪潮电子信息与浪潮高新科技投资，这三家企业均为济南市企业。由此可见，济南市的人工智能算法研发实力在山东省处于领先地位。

处理器芯片领域，全球专利申请量排名前五的企业均为国外申请人，其中英特尔公司申请量最高；中国专利申请量排名前五的企业以国家电网为首，郑州云海信息排名第二。山东省和济南市前五名企业中有三家相同，其中浪潮电子信息均排名第一，申请量为 262 件，超越科技均排名第二。浪潮高新科技投资在山东省排名第四，在济南市排名第三。而济南市的第四与第五名分别是浪潮集团与浪潮商用机器。由此可见，浪潮集团在处理器芯片领域研发实力在山东省名列前茅，在中国本土企业中研发实力也相对较强，但与国外龙头企业相比还存在一定差距。

智能传感器领域，全球专利申请量排名前五申请人为罗伯特博世、三星电子及三家日本企业。中国专利申请量排名第一的企业仍然是国家电网，其次是罗伯特博世和三星电子，中国企业在中国专利申请量排名前五中仅占两席。山东省在智能传感器领域专利申请量最高的企业是威海华凌光电，其次是潍柴动力股份与青岛中科软件。济南市在智能传感器领域专利申请量最高的企业是山东电力电科院与山东诺方电子，但专利申请量均相对较少。由此可见，在智能传感器领域，济南市企业需要进一步提升研发实力。

减速器领域，全球专利申请量前五申请人均为国外企业，住友重机械工业位居首位。中国专利申请量排名前五的企业中，江苏泰隆减速机位居首位，其次是沃德传动（天津）与住友重机械工业，山东省企业未出现其中。山东省专利申请量排名前五的企业分别是山东柳杭减速机、青岛银菲特、青特集团、淄博纽氏达特及青岛海尔洗衣机。济南市排名前五的申请人未出现在山东省排名前五的名单中，重汽集团济南动力的专利申请量位列济南市第一，但专利申请量相对较少。

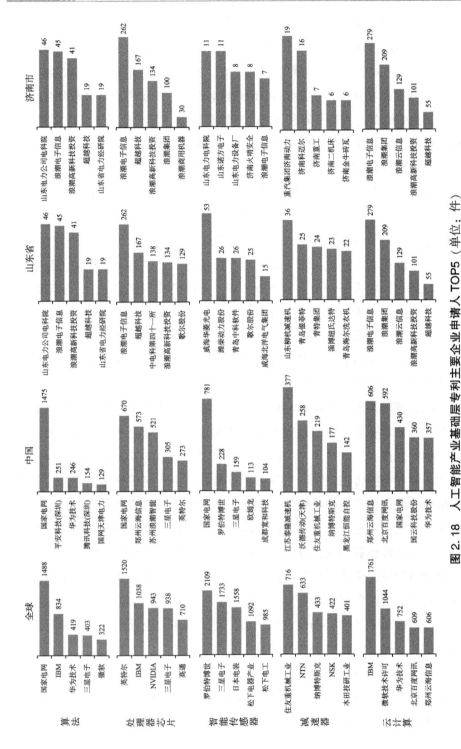

图 2.18 人工智能产业基础层专利主要企业申请人 TOP5（单位：件）

云计算领域，全球专利申请量前五申请人由三家中国企业和两家美国企业组成，IBM 位居首位。中国专利申请量排名前五的企业中，郑州云海信息位居首位，其次是北京百度网讯与国家电网公司，山东省企业未出现其中。山东省专利申请量排名前五的企业分别是浪潮电子信息、浪潮集团、浪潮云信息、浪潮高新科技投资及超越科技。济南市前五申请人在山东省排名前五，且浪潮电子信息云计算领域的研发实力在山东省乃至全国均相对较强。

图 2.19 是人工智能产业算法细分领域主要企业申请人 TOP5 情况。算法细分领域，搜索算法中 IBM 实力最强，全球共计产出专利 603 件，其次是国家电网 362 件，华为技术位居第三。中国专利申请量前两位分别为国家电网（国家电网的专利申请集中在国内，这与其市场策略密不可分）和华为技术，申请量依次为 357 件和 186 件，中兴通讯股份排名第三位。山东省和济南市位居榜首的均为浪潮电子信息产业，申请量为 28 件，与国内外知名企业相比还存在一定差距。

仿生算法领域，全球专利申请量最高的企业为国家电网，遥遥领先排名第二的 IBM，中国企业在全球前五中占有两席。中国专利申请量排名前五的企业均为中国企业，其中国家电网的专利申请量最高，其次是中国电科院，山东省企业未进入中国前五。山东省专利申请量排名第一的是山东电力公司电科院，其次是浪潮电子信息。山东省排名前五的企业均为济南市的企业，济南市的企业虽在山东省实力较强，但与国内外知名企业相比还存在一定差距。

群智算法领域，全球专利申请量最高的企业为国家电网，遥遥领先于排名第二的 IBM，排名前五的其他三家企业也均为中国企业。中国专利申请量排名前五的企业均为中国企业，其中国家电网的专利申请量最高，其次是国网江苏电力，山东省企业未进入中国前五。山东省专利申请量排名第一的是山东电力公司电科院，其次是浪潮电子信息。山东省排名前四的企业均为济南市的企业，济南市的企业虽在山东省实力较强，但与国内外知名企业相比还存在一定差距。

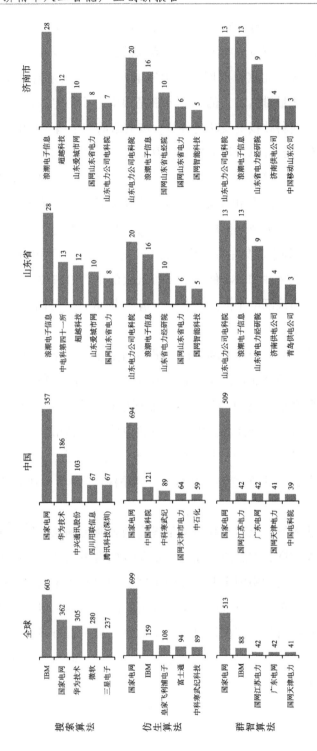

图 2.19 人工智能产业算法领域（四级分支）专利主要企业申请人 TOP5（单位：件）

图 2.20 是人工智能产业处理器芯片领域主要企业申请人 TOP5 情况。从处理器芯片细领域来看，FPGA 技术分支全球专利申请量排名第一的是国家电网公司，全球共计产出专利 417 件；其次是 XILINX，为 397 件；郑州云海信息位居第三。中国专利申请量前两位分别为国家电网和郑州云海信息，申请量分别为 413 件和 227 件，中电科第四十一所排名第三位；山东省位居榜首的是中电科第四十一所，其次是浪潮电子信息；济南市位居榜首的为浪潮电子信息公司，且济南市排名前四的企业在山东省也名列前茅。

GPU 技术分支全球专利申请量排名第一的是英特尔公司，全球共计产出专利 1244 件，其次是 NVIDIA，为 905 件，高通位居第三，中国企业未进入全球前五；中国专利申请量前两位分别为三星电子和英特尔公司，申请量分别为 266 件和 230 件，中国仅有苏州浪潮智能专利申请量进入前五；山东省位居榜首的是浪潮电子信息，其次是超越科技；济南市位居榜首的为浪潮电子信息，其次是超越科技。

NPU 技术分支全球专利申请量排名第一的是中科院计算所公司，为 43 件，其次是兆芯集成电路为 38 件，中科寒武纪位居第三；中国专利申请量前五的企业均为中国企业，其中排名第一的为中科寒武纪，其次是上海寒武纪信息，申请量分别为 30 件和 24 件；山东省位居榜首的是浪潮集团，其次是浪潮高新科技投资，这两家企业也是济南市的重点企业。

ASIC 技术分支全球专利申请量排名第一的是罗伯特博世公司，为 199 件，其次是理光，为 189 件，IBM 位居第三，中国企业未进入全球前五；中国专利申请量前两位分别为歌尔股份和瑞声声学（深圳），申请量分别为 121 件和 49 件；山东省位居榜首的是歌尔股份，其次是歌尔科技与共达电声，这三家企业的专利申请量在全国排名也位列前五；济南市位居榜首的为浪潮集团，但专利申请量相对较少，为 5 件。

CPU 技术分支全球专利申请量排名第一的是英特尔公司，全球共计产出专利 216 件，其次是国家电网，共计 171 件，苹果公司位居第三；中国专利申请量前两位分别为国家电网和郑州云海信息，申请量分别为 169 件和 86 件；山东省与济南市位居榜首的均是浪潮电子信息，其次是浪潮高新科技投资与超越科技。

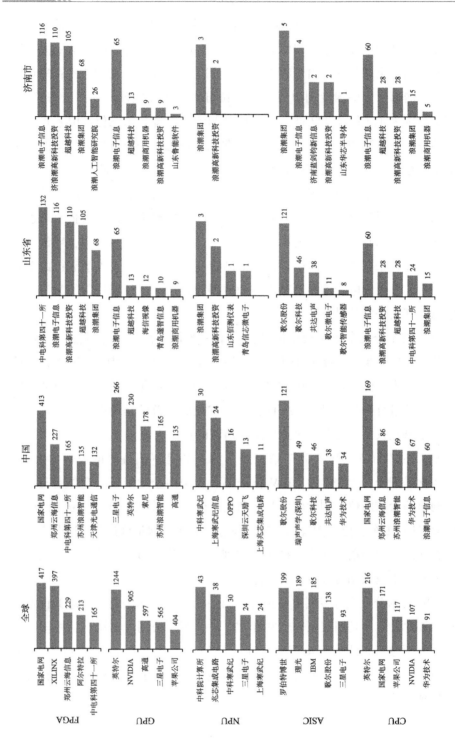

图 2.20 人工智能产业处理器芯片领域（四级分支）专利主要企业申请人 TOP5（单位：件）

图 2.21 是人工智能产业技术层专利主要企业申请人 TOP5 情况。在技术层领域细分技术主要申请人方面，感知与获取技术全球专利申请前五名申请人均为国外申请人，其中日本电气申请量最高，为 7037 件，其次是富士通，为 6461 件；中国专利申请前五名申请人均为中国企业，其中国家电网申请量最高，其次是广东欧珀；山东省主要申请人中海信视像、海信集团与浪潮高新科技投资位列前三；济南市主要申请人中浪潮高新科技投资、浪潮电子信息与神思电子位列前三。

机器学习技术全球专利申请前五名申请人中仅有腾讯科技（深圳）一家中国企业，其中专利申请量最高的是 IBM，为 1949 件，其次是腾讯科技（深圳），为 1200 件，富士通排名第三；中国专利申请前五名申请人均为中国企业，其中腾讯科技（深圳）申请量最高，其次是国家电网；山东省与济南市主要申请人中浪潮高新科技投资、浪潮人工智能研究院与山东电力公司电科院位列前三。

知识与推理技术全球专利申请前五名申请人中仅有一家中国企业，其中专利申请量最高的是 IBM，为 662 件，其次是东芝，为 545 件，欧姆龙排名第三；中国专利申请前五名申请人均为中国企业，其中国家电网申请量最高，其次是上海智臻智能；山东省主要申请人中，中石化青岛安全工程院、浪潮电子信息与青岛鹏海软件位列前三；济南市主要申请人浪潮电子信息、山东鲁能软件与山东省电力经研院位列前三。

图 2.22 是人工智能产业感知与获取细分领域主要企业申请人 TOP5 情况。在感知与获取领域细分技术主要申请人方面，自然语言处理技术全球专利申请前五名申请人均为国外申请人，其中日本电气申请量最高，为 4418 件，其次是富士通，为 4268 件；中国专利申请前五名申请人均为中国企业，其中腾讯科技（深圳）申请量最高，其次是北京百度网讯；山东省主要申请人浪潮电子信息、海信视像与浪潮高新科技投资位列前三；济南市主要申请人浪潮电子信息、浪潮高新科技投资与浪潮软件位列前三。

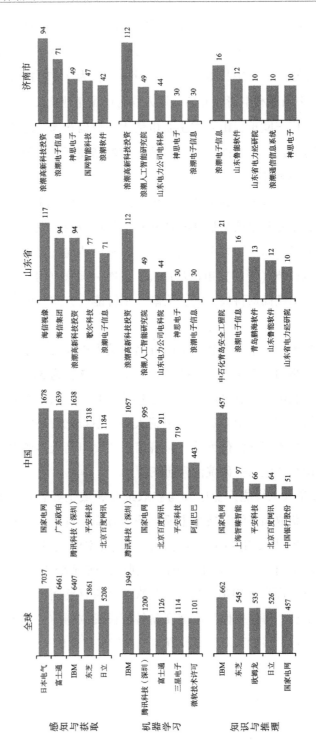

图 2.21 人工智能产业技术层专利主要企业申请人专利 TOP5（单位：件）

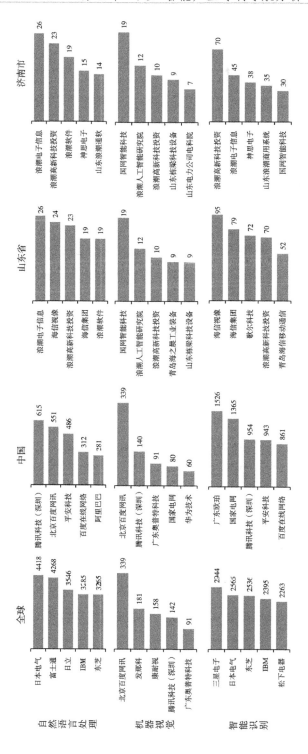

图 2.22　人工智能产业感知与获取领域（四级分支）专利主要企业申请人 TOP5（单位：件）

机器视觉技术全球专利申请前五名申请人中仅有一家外国企业，其中专利申请量最高的是北京百度网讯，为 339 件，其次是发那科，为 181 件，康耐视排名第三；中国专利申请前五名申请人均为中国企业，其中北京百度网讯申请量最高，其次是腾讯科技（深圳）；山东省与济南市主要申请人中国网智能科技、浪潮人工智能研究院与浪潮高新科技投资均位列前三。

智能识别技术全球专利申请前五名申请人均为国外申请人，其中专利申请量最高的是三星电子，为 2944 件，其次是日本电气，为 2565 件，东芝排名第三；中国专利申请前五名申请人均为中国企业，其中广东欧珀申请量最高，其次是国家电网；山东省主要申请人海信视像、海信集团与歌尔科技位列前三；济南市主要申请人浪潮高新科技投资、浪潮电子信息与神思电子位列前三。

图 2.23 是人工智能产业机器学习领域专利主要企业申请人 TOP5 情况。在机器学习分支技术方面，IBM 在各分支方面均进入全球前五，在监督学习技术方面申请量最高，达到 350 件；北京百度网讯科技在深度学习技术方面排名第一，专利申请量为 715 件。中国前五名企业中，平安科技实力较强，在各分支均进入前五；山东省和济南市前五名企业中，浪潮高新科技投资表现不错，以 74 件申请量在深度学习技术方面位居第一，在其余技术方面整体申请量较低。

深度学习、监督学习及强化学习是机器学习的重点。深度学习技术全球专利申请前五名申请人中中国申请人占三位，其中北京百度网讯申请量最高，为 715 件，其次是三星电子，为 459 件；中国专利申请前五名申请人均为中国企业，其中北京百度网讯申请量最高，其次是国家电网；山东省与济南市主要申请人中浪潮高新科技投资、浪潮人工智能研究院与山东电力公司电科院均位列前三。

监督学习技术全球专利申请前五名申请人均为国外企业，其中 IBM 申请量最高，为 350 件，其次是微软技术许可与日立，均为 101 件；中国专利申请前五名申请人均为中国企业，其中腾讯科技（深圳）申请量最高，其次是国家电网；山东省与济南市主要申请人中浪潮高新科技投资、浪潮软件与智洋创新科技均位列前三。

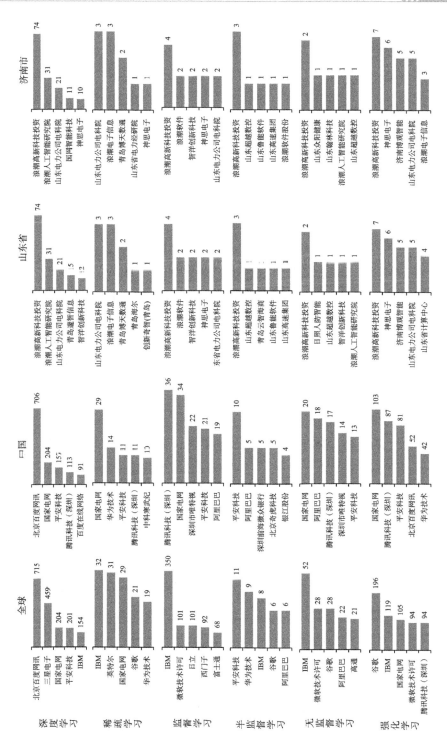

图 2.23　人工智能产业机器学习领域（四级分支）专利主要企业申请人 TOP5（单位：件）

强化学习技术全球专利申请前五名申请人中中国申请人占两位，其中谷歌申请量最高，为 196 件，其次是 IBM，为 119 件；中国专利申请前五名申请人均为中国企业，其中国家电网申请量最高，其次是腾讯科技（深圳）；山东省与济南市主要申请人中浪潮高新科技投资、神思电子与济南博观智能均位列前三。

图 2.24 是人工智能产业知识与推理细分领域主要企业申请人 TOP5 情况。在知识与推理分支技术方面，全球前五名企业中，仅知识库技术方面国家电网进入前五，其余均为国外企业，其中日立均进入各分支前五名；中国专利申请量前五企业中，国家电网在各分支方面均排第一，其中知识库技术方面申请量最高，达到 415 件；在山东省和济南市前五名企业申请人中，浪潮电子信息和山东鲁能软件在知识库方面排名靠前，但申请量不高。

图 2.25 是人工智能产业应用层细分领域主要企业申请人 TOP5 情况。在应用层领域细分技术主要申请人方面，智能机器人技术全球专利申请前五名申请人均为国外企业，其中发那科申请量最高，为 4601 件，其次是日立，为 3054 件；中国专利申请前五名申请人中四家为中国企业，其中国家电网申请量最高，其次是珠海格力电器；山东省与济南市主要申请人国网智能科技与山东电力公司电科院均居前二名。

智能无人机技术全球专利申请前五名申请人中仅一家为国外企业，其中深圳大疆申请量最高，为 2370 件，其次是道通智能航空，为 642 件；中国专利申请前五名申请人均为中国企业，其中深圳大疆申请量最高，其次是国家电网；山东省主要申请人中歌尔科技、青岛锐擎航空与国网智能科技位列前三；济南市主要申请人中国网智能科技、山东电力公司电科院与山东新竹智能科技位列前三。

自动驾驶技术全球专利申请前五名申请人中中国申请人占三位，其中丰田汽车申请量最高，为 837 件，其次是本田技研工业，为 739 件；中国专利申请前五名申请人中中国企业有三家，其中北京百度网讯申请量最高，其次是百度在线网络；山东省主要申请人中浪潮高新科技投资、慧拓智能机器与重汽集团济南动力位列前三；济南市主要申请人中浪潮高新科技投资、重汽集团济南动力与山东派蒙机电位列前三。

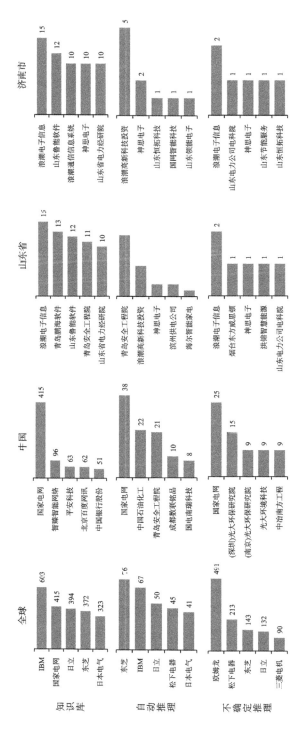

图 2.24　人工智能产业知识与推理领域（四级分支）专利主要企业申请人 TOP5（单位：件）

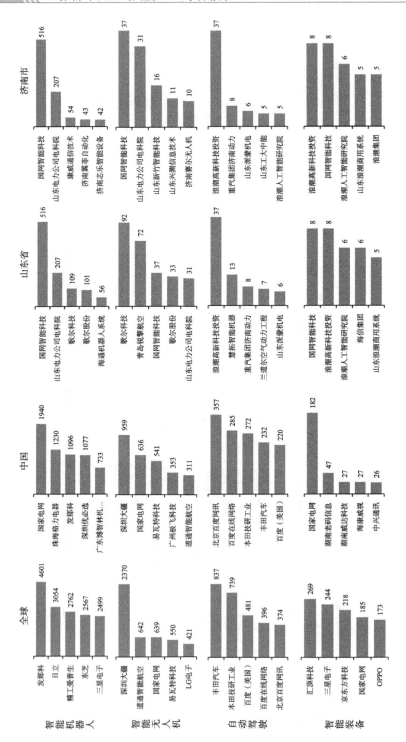

图 2.25　人工智能产业应用层专利主要企业申请人 TOP5（单位：件）

智能装备技术全球专利申请前五名申请人中中国申请人占四位，其中汇顶科技申请量最高，为 269 件，其次是三星电子，为 244 件；中国专利申请前五名申请人均为中国企业，其中国家电网申请量最高，其次是湖南老码信息；山东省与济南市主要申请人国网智能科技、浪潮高新科技投资与浪潮人工智能研究院均位列前三。

图 2.26 是人工智能产业智能机器人细分领域（四级分支）主要企业申请人 TOP5 情况。在工业机器人方面，全球专利申请前五名申请人均为国外企业，其中发那科申请量最高，为 1034 件，其次是三菱电机，为 841 件；中国专利申请前五名申请人中中国申请人占三位，其中珠海格力电器申请量最高，其次是发那科；山东省主要申请人中诺伯特智能装备、济宁技术学院实习厂与海迪机器人系统位列前三；济南市主要申请人中时代试金试验机、济南重工股份与山东奥太电气位列前三。

服务机器人技术全球专利申请前五名申请人中共有三家中国企业，其中美的集团申请量最高，为 252 件，其次是美的清洁电器，为 249 件；中国专利申请前五名申请人均为中国企业，其中美的集团申请量最高，其次是美的清洁电器；山东省主要申请人中青岛塔波尔机器人、万祥如光机械所与海容汇创新科技位列前三；济南市主要申请人中国网智能科技、九阳与山东安软机器人位列前三。

特种机器人技术全球专利申请前五名申请人均为国外企业，其中直观外科申请量最高，为 733 件，其次是日本发那科，为 447 件；中国专利申请前五名申请人中中国企业共有三家，其中博恩思医学机器人申请量最高，为 279 件，其次是精锋医疗科技，为 202 件；山东省主要申请人中威高手术机器人、山东阿图机器人与国网智能科技位列前三；济南市主要申请人中国网智能科技、康威通信技术股份与山东电力公司电科院位列前三。

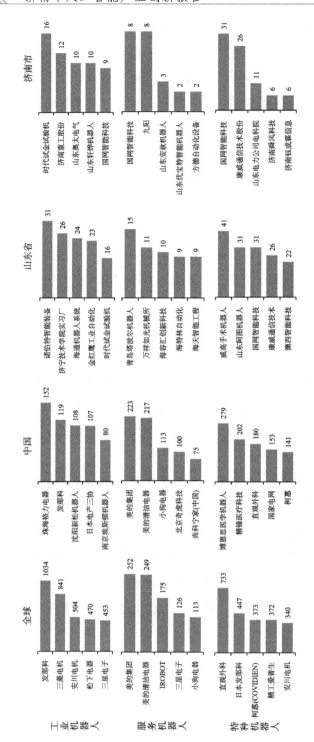

图 2.26　人工智能产业智能机器人领域（四级分支）专利主要企业申请人 TOP5（单位：件）

2.2.4　创新人才储备定位

本部分对全国及济南市整体人才拥有量进行排名分析，对各分支技术领域发明人及所属申请单位进行分析，以了解济南市产业创新人才和领军人才定位。

人工智能产业中，全国发明人数排名第一的是北京市，发明人数为113 229 人，超出排名第二的上海市近 1 倍；济南市排名第 14 位，拥有发明人16 648（见图 2.27）。从细分领域来看，北京市发明人在细分领域依然位居榜首，且遥遥领先第二名。济南市在基础层、技术层、应用层领域发明人数相差不大，排名相当，分别排名第 14、第 14 和第 16，处于中上游位置。

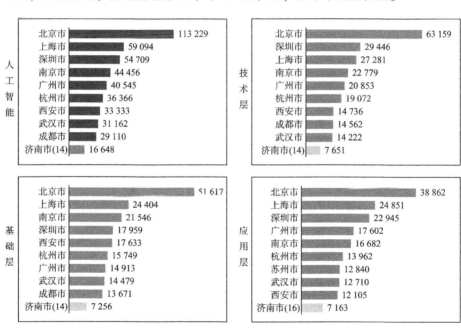

图 2.27　人工智能产业及其细分领域（二级分支）城市发明人数量 TOP9

和济南市排名情况（单位：人）

在基础层分支技术领域，北京市在各分支技术方面表现依然出色，稳居第一，其中算法发明人数最高，为 22 281 人；上海市在处理器芯片、智能传感器、减速器技术方面排名第二，南京市和深圳市分别在算法技术、云计算技术方面排名第二；济南市在云计算方面发明人数排名最好，位居第 10，在算法、处理器芯片、智能传感器技术方面排名相当，居于第15名左右，在减速器技术方面，人才相对缺乏，排名前30以外（见图2.28）。

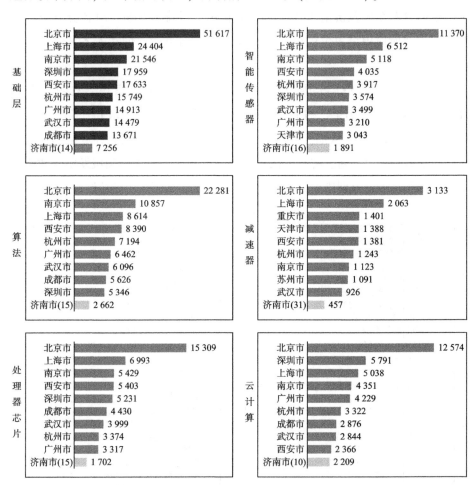

图 2.28　人工智能产业基础层（三级分支）城市发明人数量 TOP9
和济南市排名情况（单位：人）

在技术层分支技术领域，各分支发明人拥有量位居第一的仍然是北京市，其中感知与获取领域发明人数最多，达到 42 897 人；南京市在机器学习领域排名第二，发明人数为 12 685 人；济南市在感知与获取、机器学习技术领域均排名第14，在知识与推理技术方面排名第10，处于上游位置（见图2.29）。

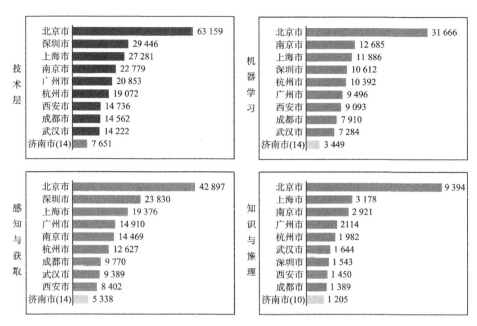

图 2.29　人工智能产业技术层（三级分支）城市发明人数量比较分析 TOP9

和济南市排名情况（单位：人）

在人工智能产业应用层分支技术领域，北京市在各分支依然拥有最多的发明人，智能机器人技术领域最多，自动驾驶技术领域相对较少，上海市在智能机器人技术、自动驾驶技术、智能装备技术领域均排名第二，南京市在智能无人机技术领域表现突出，位居第二；济南市在智能装备技术方面排名最好，拥有发明人 1205 人，排名第 10（见图 2.30）。

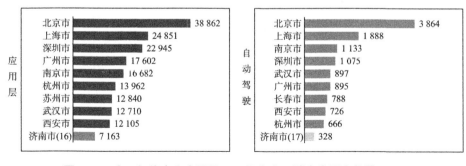

图 2.30　人工智能产业应用层（三级分支）城市发明人数量 TOP9

和济南市排名情况（1）（单位：人）

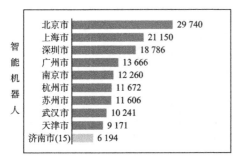
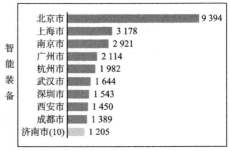
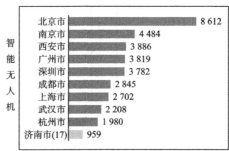

图 2.30 人工智能产业应用层（三级分支）城市发明人数量 TOP9

和济南市排名情况（2）（单位：人）

表 2.14 是人工智能产业及细分领域发明人 TOP5。在人工智能产业及细分领域，人工智能产业排名第一的发明人均来自爱惜康，累计发明 1605 件专利，排名第二的发明人为熊友军，其归属深圳市优必选科技股份有限公司。

表 2.14 人工智能产业及细分领域发明人 TOP5

技术领域	发明人	发明量/件	所属申请人
人工智能	Frederick E. Shelton IV	1605	爱惜康
	熊友军	1305	深圳市优必选科技股份有限公司
	Jason L. Harris	988	爱惜康
	焦李成	703	西安电子科技大学
	赵国成	486	易瓦特科技股份公司
基础层	季统凯	378	国云科技股份有限公司
	胡炜	255	沃德传动（天津）股份有限公司
	杨松	215	国云科技股份有限公司

技术领域	发明人	发明量/件	所属申请人
基础层	焦李成	215	西安电子科技大学
	吴声震	214	吴小杰
技术层	焦李成	513	西安电子科技大学
	王健宗	425	平安科技
	马文萍	331	西安电子科技大学
	王海生	308	京东方科技集团
	周意保	301	广东欧珀移动通信
应用层	熊友军	1081	深圳市优必选科技股份有限公司
	Frederick E. Shelton IV	1005	爱惜康
	Jason L. Harris	652	爱惜康
	赵国成	482	易瓦特科技股份公司
	庞作伟	385	上海未来伙伴机器人有限公司

在基础层领域，发明人前五名中，国云科技股份有限公司的季统凯和杨松分别排名第一、第三；在技术层领域，发明量位居第一的是焦李成（513件），其专利归属西安电子科技大学，排名第二的是王健宗（425件），其专利来自平安科技；在应用层领域，熊友军以1081件发明量居于榜首，其专利来自深圳市优必选科技股份有限公司，排名第二和第三的 Frederick E. Shelton IV 和 Jason L. Harris（来自爱惜康）。

表2.15是人工智能产业基础层细分领域发明人 TOP5。从基础层分支技术领域来看，算法技术方面前五名发明人来自三所高校——西安电子科技大学、浙江工业大学和浙江大学，其中西安电子科技大学的焦李成（191件）位居榜首；处理器芯片方面发明量位列第一、第三和第四的发明人来自英特尔公司，排名第二和第五的发明人来自东莞市熊林新材料科技股份有限公司，分别为何建雄（175件）和王一良（122件）；智能传感器技术方面排名第一和第三的均来自 NTN 株式会社，排名第二的是来自济南大学的魏琴（118件），成都宽和科技有限责任公司有限责任公司的黄强（102件）位居第三；减速器技术方面来自沃德传动（天津）股份有限公司的胡炜（255件）位居第一，江苏泰隆减速机股份有限公司的张介禄和殷爱国排名第三（161件）

和第四（146件）；云计算技术方面由来自国云科技股份有限公司的季统凯
（367件）、杨松、莫展鹏分别排名第一、第二和第四，浪潮集团有限公司的
于治楼和梁华勇排名第三和第五。

表 2.15　人工智能产业基础层分支技术领域发明人排名

技术领域	发明人	发明量/件	所属申请人
算法	焦李成	191	西安电子科技大学
	张贵军	139	浙江工业大学
	马文萍	139	西安电子科技大学
	刘兴高	125	浙江大学
	周晓根	122	浙江工业大学
处理器芯片	Koker Altug	183	英特尔
	何建雄	175	东莞市雄林新材料科技股份有限公司
	Ray Joydeep	165	英特尔
	Abhishek R. Appu	155	英特尔
	王一良	122	东莞市雄林新材料科技股份有限公司
智能传感器	TAKAHASHI TORU	132	NTN 株式会社
	魏琴	118	济南大学
	NISHIKAWA KENTARO	110	NTN 株式会社
	黄强	102	成都宽和科技有限责任公司
	杜兵	80	西安金和光学科技有限公司
减速器	胡炜	255	沃德传动（天津）股份有限公司
	吴声震	214	吴小杰
	张介禄	161	江苏泰隆减速机股份有限公司
	殷爱国	146	江苏泰隆减速机股份有限公司
	KUWABARA TORU	145	五十铃汽车
云计算	季统凯	367	国云科技股份有限公司
	杨松	215	国云科技股份有限公司
	于治楼	108	浪潮集团有限公司
	莫展鹏	88	国云科技股份有限公司
	梁华勇	75	浪潮集团有限公司

表 2.16 是人工智能产业技术层细分领域发明人 TOP5。从技术层分支技术领域来看，感知与获取技术方面排名前两位的周意保（299 件）和张海平（297 件）均来自广东欧珀移动通信，平安科技的王健宗（294 件）居第三，京东方科技集团的王海生、刘英明分别位居第四、第五；机器学习技术方面前五均来自西安电子科技大学，其中以焦李成（486 件）为首；知识与推理技术方面上海智臻智能网络科技的三名发明人占据前三，以朱频频（85 件）为首。

表 2.16　人工智能产业技术层分支技术领域发明人 TOP5

技术领域	发明人	发明量/件	所属申请人
感知与获取	周意保	299	广东欧珀移动通信
	张海平	297	广东欧珀移动通信
	王健宗	294	平安科技
	王海生	289	京东方科技集团
	刘英明	265	京东方科技集团
机器学习	焦李成	486	西安电子科技大学
	马文萍	310	西安电子科技大学
	侯彪	270	西安电子科技大学
	马晶晶	239	西安电子科技大学
	王爽	227	西安电子科技大学
知识与推理	朱频频	85	上海智臻智能网络科技
	曾永梅	51	上海智臻智能网络科技
	李波	48	上海智臻智能网络科技
	申亚坤	31	中国银行股份有限公司
	Cella Charles Howard	29	Strong Force IOT Portfolio

表 2.17 是人工智能产业应用层分支技术领域发明人 TOP5。从应用层分支技术领域来看，智能机器人技术方面来自深圳市优必选科技股份有限公司的熊友军（1081 件）排名第一，爱惜康的 Frederick E. Shelton IV（1005 件）和 Jason L. Harris（652 件）位居第二和第三，北京云跡科技有限公司的支涛（381 件）居于第四，上海未来伙伴机器人有限公司的庞作伟（371 件）排名

第五；智能无人机技术方面第一名和第三名发明人来自易瓦特科技股份有限公司，分别为赵国成（479件）和罗伟（208件），第二名和第四名来自广东容祺智能科技有限公司，分别为陈建伟（218件）和叶茂林（203件）；自动驾驶技术方面付云飞发明量最高（178件），来自鄂尔多斯市普渡科技有限公司，张春华（99件）第二，来自南京视莱尔汽车电子有限公司，后三位均来自北京智行者科技有限公司；智能装备技术方面前五名发明人均来自京东方科技集团，其专利主要在国外申请。

表 2.17　人工智能产业应用层分支技术领域发明人 TOP5

技术领域	发明人	发明量/件	所属申请人
智能机器人	熊友军	1081	深圳市优必选科技股份有限公司
	Frederick E. Shelton IV	1005	爱惜康
	Jason L. Harris	652	爱惜康
	支涛	381	北京云迹科技有限公司
	庞作伟	371	上海未来伙伴机器人有限公司
智能无人机	赵国成	479	易瓦特科技股份公司
	陈建伟	218	广东容祺智能科技有限公司
	罗伟	208	易瓦特科技股份公司
	叶茂林	203	广东容祺智能科技有限公司
	王鹏	126	北京中科遥数信息技术有限公司
自动驾驶	付云飞	178	鄂尔多斯市普渡科技有限公司
	张春华	99	南京视莱尔汽车电子有限公司
	王肖	91	北京智行者科技有限公司
	霍舒豪	89	北京智行者科技有限公司
	张德兆	88	北京智行者科技有限公司
智能装备	王海生	103	京东方科技集团
	刘英明	97	京东方科技集团
	丁小梁	78	京东方科技集团
	董学	64	京东方科技集团
	李昌峰	54	京东方科技集团

2.2.5　专利运营实力定位

本部分对全国专利运营主要城市和济南市进行对比分析，主要从专利运营总量、专利转让、专利许可和质押等方面进行分析，以进一步了解济南市全国专利运营实力定位。

图 2.31、图 2.32 是济南市人工智能产业及细分领域专利运营定位情况。下文对人工智能产业及细分领域专利运营情况进行分析，首先从人工智能产业全国专利运营城市排名来看，北京市以 8143 件专利运营量稳居第一，实施运营专利的创新主体以企业为主，占比达到 70% 以上；济南市处于人工智能产业专利运营第 10 名，共计实施专利 1410 件，所属专利申请人类型也以企业为主，占比和北京市相当，大专院校专利运营量相对欠缺。

具体从细分技术领域可以看出，北京市专利运营量稳居各细分领域前两名，其中北京市在基础层技术领域专利运营量为 2507 件，超出第二名近一倍，可见实力强劲，专利运营所属申请人类型以企业为主要来源；应用层技术方面排名第一的是深圳市，共计运营 3110 件专利，企业申请人运营专利占比较高，达到 88% 左右。济南市在基础层和技术层领域分别排名第 14 和第 15，申请人类型以企业为主；济南市在应用层领域专利运营量进入前 10，排名第九，企业依然是主要申请人。

图 2.33、图 2.34 是济南市人工智能产业基础层细分领域专利运营定位情况。从基础层细分技术方面运营情况进行分析，除减速器技术外，北京市在其他各分支专利运营量均排名第一，减速器技术方面位居第一的是温州市；济南市在云计算技术方面排名最好，排名第八，专利运营量为 110 件，在减速器与算法技术方面分别排名第 12、第 11，在其余技术方面也均在 10 名之外。从专利运营所属申请人类型分布来看，北京市科研院所申请人在算法、处理器芯片、智能传感器技术方面占比相对人工智能提升明显；温州市个人申请人在减速器技术方面占据一定比例；济南市依然以企业为主要运营主体，尤其是在云计算技术方面，企业占比超过 80%。

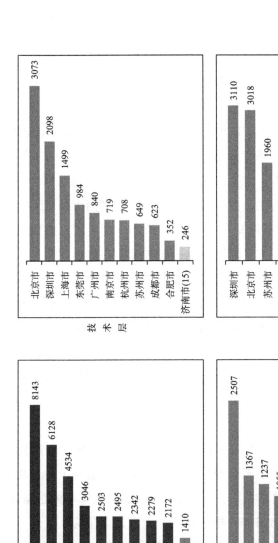

技术层

北京市 3073
深圳市 2098
上海市 1499
东莞市 984
广州市 840
南京市 719
杭州市 708
苏州市 649
成都市 623
合肥市 352
济南市(15) 246

应用层

深圳市 3110
北京市 3018
苏州市 1960
上海市 1868
广州市 1206
东莞市 1120
成都市 902
杭州市 888
济南市(9) 871
南京市 861

人工智能

北京市 8143
深圳市 6128
上海市 4534
苏州市 3046
南京市 2503
广州市 2495
东莞市 2342
杭州市 2279
成都市 2172
济南市(10) 1410

基础层

北京市 2507
上海市 1367
深圳市 1237
南京市 1055
杭州市 833
成都市 744
苏州市 559
广州市 558
武汉市 505
天津市 484
济南市(14) 349

图 2.31 济南市人工智能产业专利运营定位分析：与专利数量城市 TOP10 对比（单位：件）

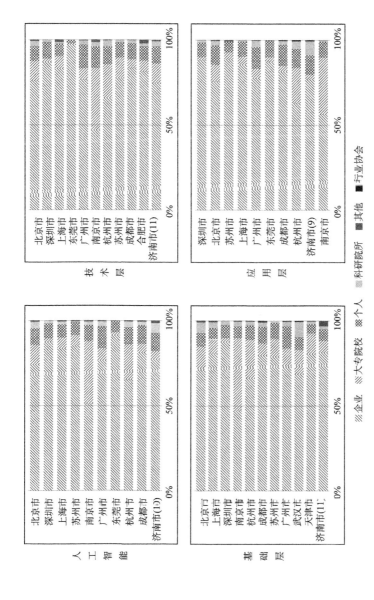

图 2.32　济南市人工智能产业专利运营定位分析：与专利数量城市 TOP10 申请人类型对比（单位：件）

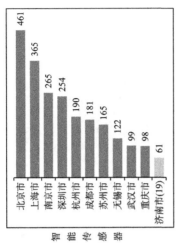

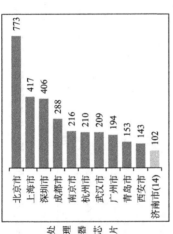

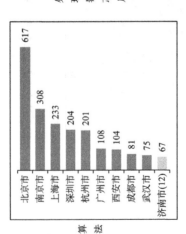

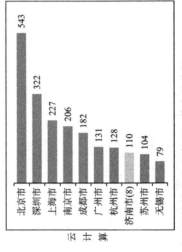

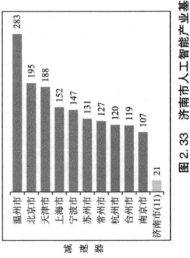

图 2.33 济南市人工智能产业基础层具体技术分支专利运营定位分析：与专利数量城市 TOP10 对比（单位：件）

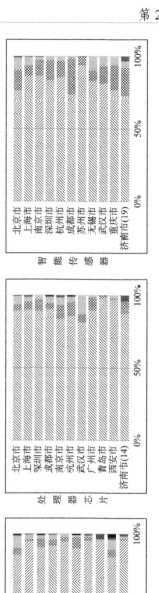

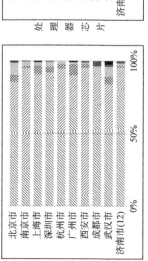

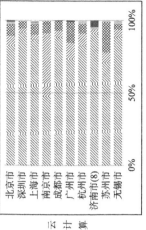

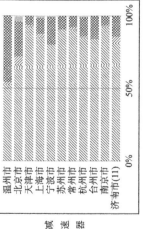

图 2.34　济南市人工智能产业基础层具体技术分支专利运营定位分析：与专利数量城市 TOP10 申请人类型对比

图 2.35、图 2.36 是济南市人工智能产业技术层细分领域专利运营定位情况。对技术层分支技术方面专利运营情况进行分析，北京市依然稳居各分支榜首，其中感知与获取技术方面专利运营量最高，为 2294 件；济南市在知识与推理技术方面表现不俗，排名第八，在感知与获取技术、机器学习技术方面分别排名第 15 和第 14。从专利运营所属申请人类型分布来看，北京市工矿企业申请人在感知与获取技术方面占比相对高些，达到近 80%，其科研院所占比则在知识与推理技术方面有一定提升；济南市企业申请人在知识与推理技术方面表现相对突出，占比超过 80%。

图 2.37、图 2.38 是济南市人工智能产业应用层细分领域专利运营定位情况。对应用层分支技术方面专利运营情况进行分析，智能机器人、智能装备技术方面专利运营量最高的是深圳市，北京市则在智能无人机、自动驾驶技术方面运营量最多；济南市在智能机器人技术方面居于第七，处于上游位置，在智能无人机技术方面居于第 11，在自动驾驶、智能装备技术方面排名处于 10 名以外，运营能力有待提升。从专利运营所属申请人类型分布来看，深圳市和北京市所属企业申请人占比较高，企业专利转化率高；济南市企业和个人申请人在各分支占比相对突出，科研院校则在智能装备、智能无人机技术方面提升明显。

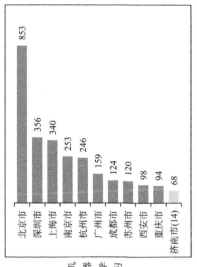

机器学习

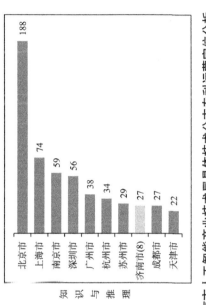

知识与推理

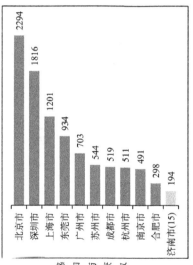

感知与获取

图 2.35　济南市人工智能产业技术层具体技术分支专利运营定位分析：与专利数量城市 TOP10 对比（单位：件）

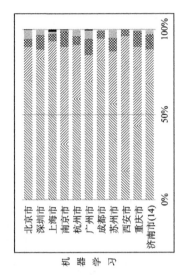

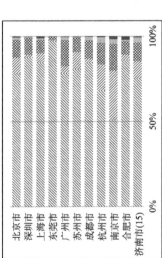

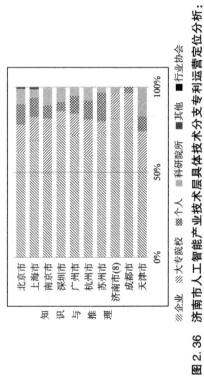

图 2.36 济南市人工智能产业技术层具体技术分支专利运营定位分析：与专利数量城市 TOP10 申请人类型对比

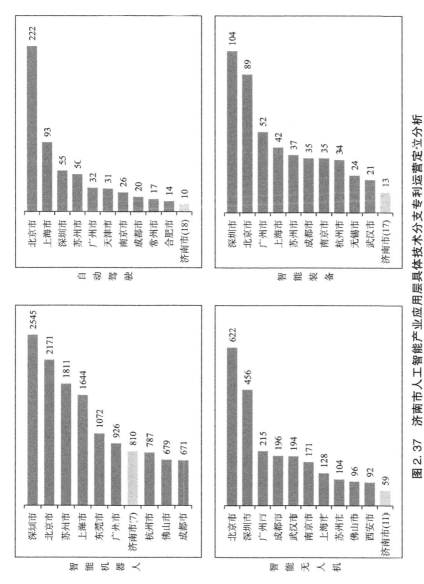

图 2.37　济南市人工智能产业应用层具体技术分支专利运营定位分析与专利数量城市 TOP10 对比（单位：件）

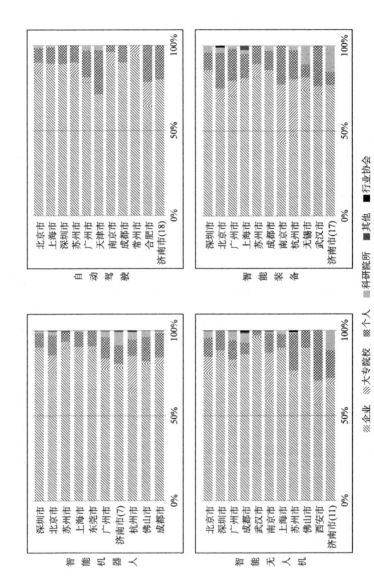

图2.38 济南市人工智能产业应用层具体技术分支专利运营定位分析：与专利数量城市TO10申请人类型对比

第3章 济南市人工智能产业发展路径导航

3.1 济南市人工智能产业布局结构优化路径

3.1.1 强化产业链优势

济南市人工智能产业在基础层的算法、处理器芯片、云计算、智能传感器，以及技术层的知识与推理、感知与获取等领域突破了一批核心技术；在应用层的智能机器人、智能装备等领域也取得了显著的创新应用成效，已形成较为完整的人工智能产业链条。其中，在基础层和技术层，济南市技术创新能力在全国排名均比较靠前，拥有一批以浪潮集团、神思电子等为代表的优势企业。基础层和技术层的研发是人工智能产业可持续发展的基石，下一步产业的发展应继续保持现有产业链优势，促进龙头企业做大做强和平台化发展，鼓励企业积极开展国际技术合作、开拓国际市场，支持龙头企业通过兼并、收购和参股等多种形式，走上多极化产业发展之路。要从供需两端发力，贯通技术攻关、平台支撑、示范应用等环节，优化使用环境，推动品牌向上，全面提升产业链竞争力。

3.1.2 弥补产业链劣势

济南市人工智能产业发展拥有良好的基础条件，但也存在向人工智能产业链下游延伸不够、龙头企业带动力不足等问题。从应用层整体及几个技术分支专利布局情况来看，济南市人工智能产业在全国排名相对偏后，人工智能应用方面优势不够突出。应用层作为产业链的下游，其发展程度决定了整个产业的发展水平，也是人工智能产业真正走向市场的途径。应汇聚政府、产业、高校、科研院所、应用端等的创新资源，对应用层领域企业加大招引力度，优先吸引头部企业落户济南市，从而带动本地人工智能产业发展，促进济南市人工智能企业与其他领域企业的交流研讨。要通过加强技术创新项目开展、人才引进、产业载体平台建设、对外合作等措施，补强产业链，打造人工智能发展新高地。

3.1.3　防范系统性专利风险

鉴于济南市人工智能产业重点企业技术研发水平高低不齐，为了打造产业的群体优势，需要将企业研发力量形成合力，以提升整体产业的技术创新力和市场竞争力。除了兼并重组，具有共同发展方向的企业还可通过技术联盟或者专利联盟的方式进行联合，以达到对内技术共享、降低研发成本，对外形成技术壁垒、有效抵御外部专利攻击的效果。通过将龙头企业如浪潮集团、国网智能科技股份、国家电网、超越科技等形成技术创新联盟，消除内部专利实施中的授权障碍，促进专利技术的推广应用，降低专利流通成本。同时，联盟可通过集体谈判与跨国公司相抗衡，有效应对外部技术壁垒，减少贸易摩擦，增强企业抗风险能力。

3.2　济南市人工智能产业技术创新引进提升路径

3.2.1　领先技术的提升路径

截至 2021 年 2 月，济南市人工智能产业云计算技术专利申请共 1434 件，在全国城市排名第六位；处理器芯片专利申请 1169 件，全国排名第 10 位；知识与推理专利申请 323 件，全国排名第九位；智能装备专利申请 167 件，全国排名第九位，济南市在这些技术领域具有一定技术创新优势。在此基础上，济南市一方面需要采取激励政策鼓励当地龙头企业（如浪潮集团等）开展自主研发和创新，提升企业自主创新能力；另一方面，要合理引导企业完善知识产权管理机制建设，利用自身核心技术积极开展海外布局，有效进行专利技术保护，扩大企业海外经营市场，增强核心竞争力。

3.2.2 重点技术的赶超路径

根据济南市各技术领域专利申请量排名来看，济南市的重点发展技术包含智能传感器、算法、机器学习和智能机器人等。为了实现重点技术的快速赶超，可以从以下两个方面发力：一是加强对同类竞争者的了解，寻求技术创新方向的突破，实现技术的赶超；二是考虑企业与其他申请人的协同创新，加强产学研合作，通过协同创新提升技术研发水平。

3.2.3 薄弱技术的加强路径

根据技术创新能力分析来看，济南市的减速器、智能无人机专利技术储备分别位列全国第 38 位、第 29 位。相较于其他技术分支，这两个分支研发实力相对薄弱。建议一方面从制度层面引导企业加强知识产权在技术创新中的应用，提升知识产权管理、运用和保护意识；另一方面，人才资源是企业核心竞争力的关键来源，企业要不断完善人才引进、人才利用和人才开发工作，做好技术创新团队的培养和管理；同时，济南市还可以通过建立知识产权大数据平台，为企业的技术创新或专利布局提供导向，以提升企业的技术创新能力，提高技术研发成果产出。图 3.1 是济南市人工智能产业技术提升路径示意图。

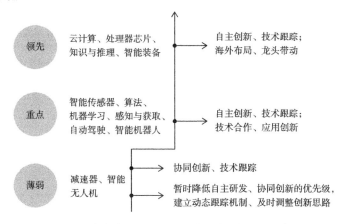

图 3.1 济南市人工智能产业技术提升路径示意图

3.3　济南市人工智能产业企业整合培育引进路径

为提升企业的竞争力，一方面政府要强化企业环境建设，树立企业创新主体地位，加强对企业创新的政策支持；另一方面企业自身要通过自主创新或技术引进、人才引进甚至是外部联盟、并购的方式强化企业的核心竞争力，提升企业技术创新的延展性和持久竞争力。

分析济南市的企业创新能力发现，济南市在人工智能产业的企业专利产出方面实力整体较强，处于全国第 17 位，尤其是在基础层方面，企业专利产出排名第 10 位。相对而言，济南市在应用层的企业专利产出优势不太明显，全国排名第 25 位。基于此，建议一方面加强以浪潮电子信息产业股份有限公司为首的济南市本土优势企业的培育，提升其在全国的竞争实力；另一方面，济南市在智能传感器、减速器、智能机器人及智能无人机等领域的企业专利产出排名均在全国 20 名之外，从补齐产业链的角度考虑，济南市需要通过企业引进或联盟的方式，强化上述领域的技术竞争实力。最后，为更好地把控技术研发创新方向，避免重复研发和侵权风险，还需要对国内外相关领域龙头企业的技术研发创新进行跟踪分析。表 3.1 给出了济南市人工智能领域企业培育及引进跟踪参考对象。

表 3.1　济南市人工智能领域企业培育及引进跟踪参考对象

细分技术		企业培育	企业引进/合作	企业跟踪	培育名单	引进/合作名单（全国）	引进/合作名单（山东省）	跟踪名单
人工智能	基础层	★★★	★★	★	浪潮电子信息，浪潮集团，浪潮高新科技投资，超越科技，浪潮云信息技术	国家电网，郑州云海信息，华为技术，北京百度网讯		IBM 三星电子 罗伯特博世 英特尔

细分技术		企业培育	企业引进/合作	企业跟踪	培育名单	引进/合作名单（全国）	引进/合作名单（山东省）	跟踪名单
人工智能	技术层	★★★	★★	★	浪潮高新科技投资，浪潮电子信息，山东浪潮人工智能研究院	国家电网，腾讯科技（深圳），平安科技，广东欧珀移动通信，北京百度网讯	海信视像，海信集团	IBM 日本电气 富士通 东芝 日立
	应用层	★	★★★	★		国家电网，珠海格力电器股份，深圳市大疆创新科技，深圳市优必选	国网智能科技，山东电力公司，电力科学研究院，歌尔科技，歌尔股份	发那科 日立 三星电子 LG 电子
人工智能	基础层	算法			浪潮电子信息，浪潮高新科技投资	国家电网，平安科技（深圳），华为技术，腾讯科技（深圳）		IBM 华为技术 三星电子 微软
		处理器芯片			浪潮电子信息，超越科技，浪潮高新科技投资，浪潮集团，浪潮商用机器	国家电网，郑州云海信息	中国电子科技集团公司第四十一研究所，歌尔股份	英特尔 IBM NVIDIA 三星电子 高通
		智能传感器				国家电网	威海华菱光电股份，潍柴动力股份，青岛中科软件股份，歌尔股份	罗伯特博世 三星电子 日本电装 松下电器产业 松下电工

续表

细分技术		企业培育	企业引进/合作	企业跟踪	培育名单	引进/合作名单（全国）	引进/合作名单（山东省）	跟踪名单
人工智能	基础层				减速器			
					中国重汽集团济南动力， 济南科迈尔机械制造有限公司， 济南重工股份， 济南二机床集团	江苏泰隆减速机， 沃德传动（天津）	山东柳杭减速机， 青岛银菲特精密机械， 青特集团， 淄博纽氏达特行星减速机	住友重机械工业 NTN 纳博特斯克 日本精工 本田汽车
					云计算			
					浪潮电子信息， 浪潮集团， 浪潮云信息技术， 浪潮高新科技投资， 超越科技	郑州云海信息， 北京百度网讯， 国家电网， 国云科技， 华为技术		IBM 微软技术许可
	技术层				感知与获取			
					浪潮高新科技投资， 浪潮电子信息， 神思电子技术股份， 国网智能科技股份	国家电网， 广东欧珀移动通信， 腾讯科技（深圳）， 平安科技， 北京百度网讯	海信视像， 海信集团， 歌尔科技	日本电气 富士通 IBM 东芝 日立
					机器学习			
					浪潮高新科技投资， 山东浪潮人工智能研究院， 神思电子	腾讯科技（深圳）， 国家电网， 北京百度网讯， 平安科技， 阿里巴巴集团		IBM 富士通 三星电子 微软技术许可
					知识与推理			
					浪潮电子信息， 山东鲁能软件， 国网山东省电力公司经济技术研究院， 浪潮通信信息系统	国家电网， 上海智臻智能网络科技， 平安科技， 北京百度网讯	中国石油化工， 中石化青岛安全工程研究院	IBM 东芝 欧姆龙 日立

细分技术			企业培育	企业引进/合作	企业跟踪	培育名单	引进/合作名单（全国）	引进/合作名单（山东省）	跟踪名单
人工智能	应用层	智能机器人				山东电力公司电力科学研究院，康威通信技术股份	国家电网，珠海格力电器，广东博智林机器人，深圳市优必选	国网智能科技，歌尔科技，歌尔股份	发那科 日立 精工爱普生 东芝 三星电子
		智能无人机				国网智能科技，山东新竹智能科技	深圳市大疆创新科技，国家电网，易瓦特科技，广州极飞科技股份，深圳市道通智能航空技术股份	歌尔科技，歌尔股份	深圳大疆 易瓦特科技
		自动驾驶				浪潮高新科技投资，中国重汽集团济南动力，山东派蒙机电技术，山东工大中能科技，山东浪潮人工智能研究院	北京百度网讯，百度在线网络技术(北京)	青岛慧拓智能机器，青岛兰道尔空气动力工程	日本久保田 三菱电机 日立 瑞典富世华 本田汽车
		智能装备				浪潮高新科技投资，国网智能科技，山东浪潮人工智能研究院，山东浪潮商用系统，浪潮集团	国家电网，湖南老码信息科技，湖南威达科技，杭州海康威视，数字技术股份，中兴通讯股份	海信集团	三星电子 京东方科技

企业培育、联盟、引进合作、跟踪各有针对：

①企业培育：针对产业整体优势较强或具备专利基础的企业；

②企业联盟：针对单项分支技术优势突出的企业或具备专利基础的企业；

③企业引进/合作：针对中国优势企业；

④企业跟踪：针对国外优势企业。

此外，在进行人工智能领域各分支技术的专利产出实力排名时发现，在基础层和技术层，高校和科研院所的技术创新能力不容小觑，尤其是在算法、处理器芯片、机器学习等技术分支，高校的专利产出要远远优于企业申请人。因此，在提升济南市人工智能产业发展的过程中，产学研合作是不可或缺的方式。表3.2给出了济南市人工智能领域产学研合作优质高校、科研院所的名单。

表3.2　人工智能领域产学研合作优质高校、科研院所推荐名单

细分技术		优质高校、科研院所（全国）	优质高校、科研院所（山东省）	优质高校、科研院所（济南市）
人工智能	基础层	西安电子科技大学	中国石油大学（华东）	山东大学
		浙江大学	山东科技大学	济南大学
		电子科技大学		
		北京航空航天大学		
		东南大学		
	技术层	浙江大学	中国石油大学（华东）	山东大学
		电子科技大学	山东科技大学	山东师范大学
		西安电子科技大学	济南大学	济南大学
		天津大学		齐鲁工业大学
		华南理工大学		山东建筑大学
	应用层	北京航空航天大学	山东科技大学	山东大学
		浙江大学	中国石油大学（华东）	济南大学
		华南理工大学		山东电力集团电力科学研究院
		清华大学		山东交通学院
		上海交通大学		山东建筑大学

细分技术			优质高校、科研院所 （全国）	优质高校、科研院所 （山东省）	优质高校、科研院所 （济南市）
人 工 智 能	基 础 层	算法	西安电子科技大学	中国石油大学（华东）	山东大学
			电子科技大学	山东科技大学	山东师范大学
			浙江大学	中国人民解放军海军 航空大学	山东电力集团电力科学 研究院
			东南大学		齐鲁工业大学
			北京航空航天大学		济南大学
		处理器 芯片	北京航空航天大学		山东大学
			西安电子科技大学		济南大学
			电子科技大学		
			浙江大学		
		智能传 感器	浙江大学	山东理工大学	济南大学
			东南大学	青岛科技大学	山东大学
			天津大学	山东省科学院海洋仪器 仪表研究所	山东师范大学
			济南大学	山东科技大学	山东电力集团电力科学 研究院
			北京航空航天大学	中国石油大学（华东）	山东建筑大学
		减速器	重庆大学	山东理工大学	山东大学
					济南大学
					山东交通学院
		云计算	西安电子科技大学	青岛大学	山东大学
			南京邮电大学		
	技 术 层	感知与 获取	浙江大学	中国石油大学（华东）	山东大学
			华南理工大学	山东科技大学	济南大学
					齐鲁工业大学
					山东师范大学
		机器 学习	电子科技大学	中国石油大学（华东）	山东大学
			西安电子科技大学	山东科技大学	山东师范大学
			浙江大学	中国海洋大学	济南大学
			天津大学	哈尔滨工业大学（威海）	齐鲁工业大学
			华南理工大学		山东建筑大学

续表

细分技术			优质高校、科研院所（全国）	优质高校、科研院所（山东省）	优质高校、科研院所（济南市）
人工智能	技术层	知识与推理	北京航空航天大学	中国石油大学（华东）	山东大学
			浙江大学	中石化青岛安全工程研究院	济南大学
			清华大学	青岛大学	齐鲁工业大学
			东南大学	山东科技大学	
			天津大学		
	应用层	智能机器人	华南理工大学	山东科技大学	山东大学
			中国科学院沈阳自动化研究所	中国石油大学（华东）	济南大学
			浙江大学	中国海洋大学	山东电力集团公司电力科学研究院
			上海交通大学		山东交通学院
			哈尔滨工业大学		山东建筑大学
		智能无人机	北京航空航天大学	滨州学院	山东大学
			西北工业大学	山东理工大学	山东电力集团公司电力科学研究院
			南京航空航天大学	山东科技大学	山东交通学院
		自动驾驶	吉林大学	青岛科技大学	山东交通学院
					山东省科学院自动化研究所
					山东省计算中心
					济南大学
		智能装备	浙江大学	中国石油大学（华东）	山东大学
			上海交通大学	青岛大学	山东交通学院
			天津大学		山东建筑大学
			浙江工业大学		济南大学
			华南理工大学		

3.4　济南市人工智能产业创新人才引进培养路径

济南市在人工智能领域的人才储备量处于全国第 14 位，其中基础层和技术层的人才储备量处于第 14 位，应用层则处于第 16 位，整体的人才储备量处于中等偏上水平。但是在基础层的减速器分支的人才储备实力偏弱，位于全国第 31 位。在此基础上，济南市持续推进创新人才的培养和引进工作，对提升区域产业技术研发实力至关重要。

对于创新人才的培养，结合济南市的高校优势，一方面，可通过实行产学研联合模式，鼓励高校、企业联合培养。可以深入高校、科研院所招纳专业人才到企业从事科技创新工作，也可以选送企业技术人才到对口大学进行深造，实现人才的可持续发展。目前如浪潮集团等大型企业都拥有自己的科研机构，可以推动这些机构与当地高校的项目联动合作，促进科研成果的有效产业化，实现对口人才的技术交流。另一方面，除去产学研模式联合以外，企业也可以在现有的人才基础上加强人才的管理与选拔，提升研发队伍实力，包括建立公平公正的人才选拔机制，创造良好的就业环境，营造良好的管理文化等。

在人才引进方面要注重拓宽人才引进渠道，除了走进高校、科研院所，积极引进技术学科带头人，吸引高端技术人才来济南市以外，还可以通过建成以资源共享为核心的网络人才整合平台，结合大数据产业推进人才的引进与选拔。表 3.3 给出了人工智能领域优质发明人名单，可供引进/合作参考。

表 3.3　人工智能领域优质发明人名单

细分技术		引进/合作名单	跟踪名单
人工智能	基础层	王伟、张磊、李伟（国家电网）；王磊（北京航空航天大学）；王勇（西安电子科技大学）	
	技术层	焦李成（西安电子科技大学）；王伟、张磊、李伟（国家电网）；王磊（京东方科技集团）	
	应用层	熊友军（深圳优必选）；王伟（北京理工大学）；张磊（国家电网）	Frederick E. Shelton IV（爱惜康）

细分技术			引进/合作名单	跟踪名单
人工智能	基础层	算法	焦李成（西安电子科技大学）；王磊（北京航空航天大学）	
		处理器芯片	何建雄、王一良（东莞市雄林新材料科技股份）；李鹏（天津大学）	Koker Altug, Abhishek R. Appu, Ray Joydeep（英特尔）
		智能传感器	魏琴（济南大学）；黄强（成都宽和科技）；高松	
		减速器	胡炜（沃德传动股份）；张介禄、殷爱国（江苏泰隆减速机）；吴声震	Kuwabara Toru（五十铃汽车）；Minegishi Seiji（住友重机械工业）
		云计算	季统凯、杨松（国云科技股份）；孟玲；张鹏（深圳大学）	Gregory J. Boss（IBM）
	技术层	感知与获取	王磊、刘伟（京东方科技集团）；刘伟（欧菲光集团）；杨帆（南京甄视智能科技）	
		机器学习	焦李成、马文萍、侯彪（西安电子科技大学）；王伟（国家电网）	
		知识与推理	朱频频、李波（朱频频李波）；张军（上海德衡数据科技）	Cella Charles Howard, Desai Mehul, Jeffrey P. McGuckin（Strong Force IOT Portfolio）
	应用层	智能机器人	熊友军（深圳优必选）	Frederick E. Shelton IV（爱惜康）
		智能无人机	赵国成、罗伟（易瓦特科技股份）；陈建伟、叶茂林（广东容祺智能科技）；王鹏（北京中科遥数信息技术）	
		自动驾驶	付云飞（鄂尔多斯市普渡科技）；王肖、李晓飞（北京智行者科技）；朱帆（百度在线网络技术）	
		智能装备	王海生（京东方科技集团）；杨滨（湖南老码信息科技）；	

3.5　济南市人工智能产业专利协同运用和市场运营路径

3.5.1　专利协同创新提升路径

本部分综合考虑中国、山东省高等院校与科研机构研发创新实力，筛选出排名靠前的高等院校和科研机构，为济南市开展专利合作选择合作对象提供参考。

在人工智能产业及细分领域，济南市可考虑协同创新的全国（省外）高校，包括浙江大学、北京航空航天大学、清华大学、天津大学、电子科技大学、西安电子科技大学、华南理工人学等；可考虑合作的国内科研机构（省外），包括深圳先进技术研究院、中国电力科学研究院、中国运载火箭技术研究院、广东省智能制造研究所、北京计算机技术及应用研究所等。济南市可考虑合作的省内科研院校，包括山东大学、山东科技大学、济南大学、中国石油大学（华东）和山东理工大学等。表 3.4 是济南市人工智能产业及细分领域发展协同创新备选对象名单。

表 3.4　济南市人工智能产业及细分领域发展协同创新备选对象

技术分类		国内高等院校 （省外）	国内科研机构 （省外）	山东省内高等院校
人工智能		浙江大学 北京航空航天大学 清华大学 天津大学 电子科技大学	深圳先进技术研究院 中国电力科学研究院 中国运载火箭技术研究院 广东省智能制造研究所 北京计算机技术及应用研究所	山东大学 山东科技大学 济南大学 中国石油大学（华东） 山东理工大学
人工智能	基础层	西安电子科技大学 浙江大学 电子科技大学 北京航空航天大学 东南大学	中国电力科学研究院 中国运载火箭技术研究院 深圳先进技术研究院 西安空间无线电技术研究所 北京计算机技术及应用研究所	山东大学 济南大学 中国石油大学（华东） 山东科技大学 山东理工大学

技术分类		国内高等院校 （省外）	国内科研机构 （省外）	山东省内高等院校
人工智能	技术层	浙江大学 电子科技大学 西安电子科技大学 天津大学 华南理工大学	中国科学院深圳先进技术研究院 中国电力科学研究院 公安部第三研究所 财团法人工业技术研究院 北京计算机技术及应用研究所	山东大学 中国石油大学（华东） 山东科技大学 山东师范大学 济南大学
	应用层	北京航空航天大学 浙江大学 华南理工大学 清华大学 上海交通大学	深圳先进技术研究院 广东省智能制造研究所 哈工大机器人（合肥）国际创新研究院 华南智能机器人创新研究院 福建（泉州）哈工大工程技术研究院	山东大学 山东科技大学 济南大学 中国石油大学（华东） 山东理工大学

在基础层分支技术领域，济南市可考虑合作的国内高校，包括西安电子科技大学、电子科技大学、浙江大学、东南大学、北京航空航天大学和华南理工大学等；可考虑合作的国内科研机构，包括中国电力科学研究院、中国水利水电科学研究院、深圳先进技术研究院、中国运载火箭技术研究院、西安空间无线电技术研究所等；可考虑合作的山东省科研院校，包括山东大学、中国石油大学（华东）、山东科技大学、中国人民解放军海军航空大学、山东理工大学、青岛科技大学等。

在算法和处理器芯片分支技术方面，济南市可以考虑协同创新的中国高校，包括西安电子科技大学、电子科技大学、北京航空航天大学、浙江大学、华中科技大学、清华大学等；可考虑合作的国内研究机构（省外），包括中国电力科学研究院、西安空间无线电技术研究所、中国运载火箭技术研究院、深圳先进技术研究院、中国水利水电科学研究院、天津津航计算技术研究所和北京微电子技术研究所等；可考虑合作的山东省内高等院校/科研机构，包括山东大学、中国石油大学（华东）、中国人民解放军海军航空大学、山东科技大学、山东师范大学、山东航天电子技术研究所等。表3.5给出了济南市人工智能产业基础层分支技术发展协同创新备选对象名单。

表 3.5 济南市人工智能产业基础层分支技术发展协同创新备选对象

技术分类		国内高等院校 （省外）	国内科研机构 （省外）	山东省内高等院校/科研机构
基础层	算法	西安电子科技大学 电子科技大学 浙江大学 东南大学 北京航空航天大学	中国电力科学研究院 中国水利水电科学研究院 深圳先进技术研究院 中国运载火箭技术研究院 西安空间无线电技术研究所	山东大学 中国石油大学（华东） 山东科技大学 山东师范大学 中国人民解放军海军航空大学
	处理器 芯片	北京航空航天大学 西安电子科技大学 电子科技大学 浙江大学 哈尔滨工业大学	西安空间无线电技术研究所 天津津航计算技术研究所 中国电力科学研究院 上海航天测控通信研究所 北京微电子技术研究所	山东大学 中国海洋大学 中国人民解放军海军航空大学 山东科技大学 中国石油大学（华东）
	智能传 感器	浙江大学 东南大学 天津大学 济南大学 北京航空航天大学	中国电力科学研究院 北京农业信息技术研究中心 中国运载火箭技术研究院 中国特种设备检测研究院 深圳市怡化金融智能研究院	济南大学 山东大学 山东理工大学 青岛科技大学 山东省科学院海洋仪器仪表研究所
	减速器	重庆大学 四川大学 燕山大学 华南理工大学 吉林大学	北京精密机电控制设备研究所 中国北方车辆研究所 中国航空动力机械研究所 郑州机械研究所 深圳先进技术研究院	山东理工大学 山东科技大学 中国石油大学（华东） 山东大学 青岛科技大学
	云计算	西安电子科技大学 南京邮电大学 电子科技大学 华南理工大学 清华大学	深圳先进技术研究院 中国电力科学研究院 北京计算机技术及应用研究所 江苏物联网研究发展中心 公安部第三研究所	山东大学 青岛大学 中国石油大学（华东） 山东理工大学 曲阜师范大学

技术分类		国内高等院校 （省外）	国内科研机构 （省外）	山东省内高等院校/科研机构
算法	搜索 算法	西安电子科技大学 电子科技大学 北京航空航天大学 浙江工业大学 浙江大学	中国电力科学研究院 西安空间无线电技术研究所 中国运载火箭技术研究院 深圳先进技术研究院 上海无线电设备研究所	山东大学 中国石油大学（华东） 中国人民解放军海军航空大学 山东科技大学 山东师范大学
	仿生 算法	西安电子科技大学 浙江工业大学 浙江大学 东南大学 北京航空航天大学	中国电力科学研究院 中国水利水电科学研究院 深圳先进技术研究院 中国标准化研究院 北京控制工程研究所	山东大学 中国石油大学（华东） 山东师范大学 山东科技大学 哈尔滨工业大学（威海）
	群智 算法	浙江大学 哈尔滨工程大学 浙江工业大学 东南大学 南京邮电大学	中国电力科学研究院 中国水利水电科学研究院 北京农业信息技术研究中心 中国空间技术研究院 贵州电力试验研究院	山东大学 山东师范大学 中国石油大学（华东） 山东科技大学 齐鲁工业大学
处理器 芯片	FPGA	北京航空航天大学 西安电子科技大学 电子科技大学 哈尔滨工业大学 南京理工大学	西安空间无线电技术研究所 天津津航计算技术研究所 上海航天测控通信研究所 北京微电子技术研究所 北京时代民芯科技有限公司	山东大学 中国人民解放军海军航空大学 山东航天电子技术研究所 滨州学院 济南大学
	GPU	浙江大学 西安电子科技大学 北京航空航天大学 电子科技大学 华中科技大学	中国水利水电科学研究院 财团法人工业技术研究院 深圳先进技术研究院 公安部第一研究所 中国电力科学研究院	中国海洋大学 山东大学 中国石油大学（华东） 济南大学 中国人民解放军海军航空大学
	NPU	清华大学 福州大学 电子科技大学 浙江大学 福建师范大学	浙江清华长三角研究院 北京微电子技术研究所	山东电子职业技术学院 山东省科学院海洋仪器仪表研究所

续表

技术分类		国内高等院校 （省外）	国内科研机构 （省外）	山东省内高等院校/科研机构
处理器 芯片	ASIC	清华大学 电子科技大学 华中科技大学 西安交通大学 北京大学深圳研究 生院	西安空间无线电技术研究所 中国特种设备检测研究院 中国计量科学研究院 浙江省北大信息技术高等 研究院	山东大学 威海市卡尔电气研究所 山东省标准化研究院 山东建筑大学 山东海量信息技术研究院
	CPU	西安电子科技大学 华中科技大学 电子科技大学 浙江大学 清华大学	中国电力科学研究院 上海航天控制技术研究所 天津津航计算技术研究所 中国航空无线电电子研究所 武汉邮电科学研究院	山东大学 中国石油大学（华东） 山东航天电子技术研究所 中国海洋大学 菏泽学院

在技术层分支技术领域，济南市可考虑合作的国内高校（省外）有浙江大学、华南理工大学、电子科技大学、清华大学、天津大学等；可考虑合作的国内科研机构（省外）有中国科学院深圳先进技术研究院、公安部第三研究所、中国电力科学研究院、中国水利水电科学研究院等；可考虑合作的山东省内科研院校有山东大学、中国石油大学（华东）、山东科技大学、济南大学、齐鲁工业大学等。

在感知与获取、机器学习和知识与推理分支技术方面，济南市可考虑合作的国内高校（省外）有浙江大学、华南理工大学、电子科技大学、天津大学、西安电子科技大学、北京航空航天大学等；可考虑合作的国内科研机构有财团法人工业技术研究院（台湾地区新竹县）、中国电力科学研究院、中国科学院深圳先进技术研究院、公安部第三研究所、中国水利水电科学研究院、北京计算机技术及应用研究所等；可考虑合作的山东省内高等院校有山东大学、齐鲁工业大学、山东师范大学、中国石油大学（华东）、山东科技大学、青岛大学等。表 3.6 给出了济南市人工智能产业技术层分支技术发展协同创新备选对象。

表 3.6 济南市人工智能产业技术层分支技术发展协同创新备选对象

技术分类		国内高等院校（省外）	国内科研机构（省外）	山东省内高等院校
技术层	感知与获取	浙江大学 华南理工大学 电子科技大学 清华大学 上海交通大学	中国科学院深圳先进技术研究院 财团法人工业技术研究院 公安部第三研究所 北京无线电计量测试研究所 公安部第一研究所	山东大学 中国石油大学（华东） 山东科技大学 济南大学 齐鲁工业大学
	机器学习	电子科技大学 西安电子科技大学 浙江大学 天津大学 华南理工大学	中国科学院深圳先进技术研究院 中国电力科学研究院 公安部第三研究所 中国水利水电科学研究院 北京计算机技术及应用研究所	山东大学 中国石油大学（华东） 山东师范大学 山东科技大学 中国海洋大学
	知识与推理	北京航空航天大学 浙江大学 清华大学 东南大学 天津大学	中国电力科学研究院 中国运载火箭技术研究院 国网电力科学研究院 中国科学院深圳先进技术研究院 冶金自动化研究设计院	山东大学 中国石油大学（华东） 齐鲁工业大学 济南大学 青岛大学
感知与获取	自然语言处理	北京印刷学院 浙江大学 昆明理工大学 北京大学 北京航空航天大学	财团法人工业技术研究院 北京计算机技术及应用研究所 国网电力科学研究院 深圳怡化电脑股份有限公司 中国电力科学研究院	山东大学 齐鲁工业大学 山东师范大学 中国石油大学（华东） 山东科技大学
	机器视觉	大连理工大学 电子科技大学 华南理工大学 浙江大学 天津大学	佛山市南海区广工大数控装备协同创新研究院 华南智能机器人创新研究院 广东省智能制造研究所 泉州装备制造研究所 北京农业信息技术研究中心	山东大学 中国石油大学（华东） 山东科技大学 齐鲁工业大学 山东农业大学
	智能识别	华南理工大学 电子科技大学 浙江大学 东南大学 清华大学	中国科学院深圳先进技术研究院 财团法人工业技术研究院 公安部第三研究所 北京无线电计量测试研究所 公安部第一研究所	山东大学 中国石油大学（华东） 山东科技大学 济南大学 山东师范大学

技术分类		国内高等院校 （省外）	国内科研机构 （省外）	山东省内高等院校
机器学习	深度学习	电子科技大学 浙江大学 天津大学 华南理工大学 西安电子科技大学	中国科学院深圳先进技术研究院 佛山市南海区广工大数控装备协同创新研究院 中国水利水电科学研究院 广东省智能制造研究所 国家新闻出版广电总局广播科学研究院	山东大学 中国石油大学（华东） 山东师范大学 中国海洋大学 齐鲁工业大学
	稀疏学习	西安电子科技大学 电子科技大学 北京工业大学 天津大学 浙江大学	中国科学院深圳先进技术研究院 上海无线电设备研究所 泉州装备制造研究所 上海航天控制技术研究所 中国电力科学研究院	山东大学 中国石油大学（华东） 山东师范大学 山东科技大学 哈尔滨工业大学（威海）
	监督学习	西安电子科技大学 浙江大学 电子科技大学 东南大学 华南理工大学	中国水利水电科学研究院 中国科学院深圳先进技术研究院 北京计算机技术及应用研究所 浙江铭众生物医用材料与器械研究院 东南数字经济发展研究院	山东大学 中国石油大学（华东） 山东师范大学 鲁东大学 山东科技大学
	半监督学习	西安电子科技大学 浙江大学 华南理工大学 南京邮电大学 杭州电子科技大学	广东省智能制造研究所 中国科学院深圳先进技术研究院 中国民用航空总局第二研究所 无锡清华信息科学与技术国家实验室 物联网技术中心 浙江省北大信息技术高等研究院	山东师范大学 中国石油大学（华东） 山东大学 中国海洋大学 山东科技大学
	无监督学习	西安电子科技大学 北京工业大学 天津大学 电子科技大学 浙江大学	中国科学院深圳先进技术研究院 中国空气动力研究与发展中心超高速空气动力研究所 浙江省北大信息技术高等研究院 清华四川能源互联网研究院 北京中科研究院	中国石油大学（华东） 山东师范大学 山东大学 济南大学 山东建筑大学
	强化学习	电子科技大学 西安电子科技大学 天津大学 浙江大学 华南理工大学	中国科学院深圳先进技术研究院 北京计算机技术及应用研究所 中国电力科学研究院 深圳市未来媒体技术研究院 广东省智能制造研究所	山东大学 中国石油大学（华东） 山东师范大学 中国海洋大学 山东建筑大学

技术分类		国内高等院校 （省外）	国内科研机构 （省外）	山东省内高等院校
知识与推理	知识库	北京航空航天大学 浙江大学 清华大学 天津大学 北京理工大学	中国电力科学研究院 中国运载火箭技术研究院 国网电力科学研究院 中国科学院深圳先进技术研究院 公安部第三研究所	山东大学 中国石油大学（华东） 齐鲁工业大学 济南大学 青岛大学
	自动推理	北京航空航天大学 浙江大学 西南交通大学 西北工业大学 清华大学	北京航天自动控制研究所 中国运载火箭技术研究院 北京自动化控制设备研究所 上海机电工程研究所 国网电力科学研究院	山东大学 济南大学 青岛大学 中国人民解放军海军航空大学 中国石油大学（华东）
	不确定推理	北京航空航天大学 东南大学 杭州电子科技大学 西北工业大学 重庆邮电大学	冶金自动化研究设计院 上海航天控制技术研究所 西北工业大学深圳研究院 北京京航计算通讯研究所 中国兵器工业计算机应用技术研究所	济南大学 山东大学 青岛大学 山东科技大学 中国石油大学（华东）

在应用层分支技术领域，济南市可考虑合作的国内高校包括：华南理工大学、浙江大学、上海交通大学、清华大学、北京航空航天大学、北京理工大学等；可考虑合作的国内科研机构包括：深圳先进技术研究院、中国人民解放军总参谋部第六十研究所、公安部交通管理科学研究所等；可考虑合作的山东省内高等院校包括：山东大学、山东科技大学、济南大学、中国石油大学（华东）、山东交通学院、山东省科学院自动化研究所等。

在智能机器人分支技术方面，济南市可考虑合作申请的中国高校包括：华南理工大学、上海交通大学、广西大学、燕山大学、哈尔滨工程大学等；国内科研机构主要包括：哈工大机器人（合肥）国际创新研究院、佛山智能装备技术研究院、公安部上海消防研究所等；山东省内高等院校主要包括：山东科技大学、山东大学、山东交通学院等。表3.7给出了济南市应用层分支技术发展协同创新备选对象。

表 3.7　济南市人工智能产业应用层分支技术发展协同创新备选对象

技术分类		国内高等院校（省外）	国内科研机构（省外）	山东省内高等院校/科研机构
应用层	智能机器人	华南理工大学 浙江大学 上海交通大学 哈尔滨工业大学 清华大学	深圳先进技术研究院 广东省智能制造研究所 哈工大机器人（合肥）国际创新研究院 华南智能机器人创新研究院 福建（泉州）哈工大工程技术研究院	山东大学 山东科技大学 济南大学 中国石油大学（华东） 山东交通学院
	智能无人机	北京航空航天大学 西北工业大学 南京航空航天大学 北京理工大学 中国人民解放军国防科技大学	中国人民解放军总参谋部第六十研究所 中国航天空气动力技术研究院 中国直升机设计研究所 中国航空无线电电子研究所 中国航天电子技术研究院	滨州学院 山东理工大学 山东大学 山东科技大学 中国石油大学（华东）
	自动驾驶	吉林大学 清华大学 同济大学 北京航空航天大学 北京理工大学	交通运输部公路科学研究所 公安部交通管理科学研究所 中国北方车辆研究所 中国铁道科学研究院 中国铁道科学研究院通信信号研究所	山东交通学院 山东省科学院自动化研究所 青岛科技大学 济南大学 聊城大学
	智能装备	浙江大学 上海交通大学 天津大学 浙江工业大学 华南理工大学	深圳先进技术研究院 公安部交通管理科学研究所 公安部第三研究所 公安部第一研究所 中国电力科学研究院	山东大学 山东交通学院 山东建筑大学 山东科技大学 青岛大学
智能机器人	工业机器人	广西大学 华南理工大学 上海交通大学 南京理工大学 华中科技大学	佛山智能装备技术研究院 广东省智能制造研究所 哈工大机器人（合肥）国际创新研究院 西安航天精密机电研究所 武汉市工程科学技术研究院	山东科技大学 山东大学 聊城大学 济南大学 山东交通学院

技术分类		国内高等院校 （省外）	国内科研机构 （省外）	山东省内 高等院校/科研机构
智能 机器人	服务 机器人	燕山大学 华南理工大学 哈尔滨理工大学 浙江工业大学 合肥工业大学	哈工大机器人（合肥）国际创新研究院 深圳先进技术研究院 太仓中科信息技术研究院 华南智能机器人创新研究院 常州先进制造技术研究所	山东大学 山东科技大学 中国石油大学（华东） 山东建筑大学 山东交通学院
	特种 机器人	哈尔滨工程大学 浙江大学 北京理工大学 上海交通大学 哈尔滨工业大学	公安部上海消防研究所 深圳市老年医学研究所 深圳市罗伯医疗机器人研究所 国家海洋局第二海洋研究所 哈工大机器人（合肥）国际创新研究院	山东科技大学 山东大学 山东大学齐鲁医院 中国科学院海洋研究所 中国海洋大学

3.5.2 专利市场运营优化路径

济南市在人工智能产业及细分领域的全国专利运营排名，基本处于中游至中上游的位置，但专利运营数量整体偏低，与国内副省级城市（深圳市、南京市、杭州市）存在不小差距，尤其在基础层智能传感器领域（第19位）、应用层自动驾驶领域（第18位）、应用层智能装备领域（第17位），专利运营转化率较低。以下将针对济南市在人工智能产业及细分领域的专利运营情况提出建议，以供参考。

（1）培育人工智能产业核心专利。开展知识产权运营，首先必须拥有高价值、高质量的专利。大力推广实施有关人工智能的产业和企业专利导航项目，利用专利导航项目为产业园区和企业对核心技术或产品进行挖掘和布局，尤其是基础层云计算技术（目前全国排名第八位），为产业和企业创新发展、转型升级指明方向；通过开展产学研协同合作，联合省内山东大学、济南大学等资源优势，建立知识产权创造体系，以龙头企业导入，特别是浪潮集团等，攻克技术瓶颈，增强高价值专利产出，构建高价值专利池或专利组合；优化核心专利扶持奖励政策，加大对高质量专利资助奖励力度，鼓励企业、

高校、科研院所提升专利质量，为知识产权运营提供有力保障。

（2）培养或引进知识产权专业运营人才。高素质的知识产权人才队伍，是知识产权事业发展的根基。加大知识产权运营队伍的培育力度，建立知识产权运营人才培养和激励机制，对科技成果持有人、知识产权管理人、转化运营人等设立相应奖赏制度，鼓励企业、科研院所、服务机构等建立人才共同培养机制，培育一批能力突出、特色鲜明的知识产权运营人才队伍，整体提升知识产权运营队伍水平。同时，可以引进一批国内外高端知识产权运营队伍或机构，为创建知识产权运营强市提供人才基础。

（3）创建人工智能产业知识产权运营平台。知识产权运营平台的建立，能够为企业实现知识产权运营、科技成果转化提供保障，利于整合企业资源、实现知识产权价值最大化，进一步提高企业竞争力和收益。为有效促进人工智能产业知识产权运营，创建具有本土特色的人工智能产业知识产权运营交易中心或平台，形成涵盖价值评估、转化交易、质押融资、担保投资、维权保护等服务功能，立足济南市、服务全省、辐射全国，为济南市人工智能产业知识产权运营发展增添动力。

（4）建立人工智能产业知识产权运营模式。济南市应针对人工智能产业着手打造知识产权多模式运营体系，包括政策导向、金融机构扶持、企业激励等。以专业金融服务平台为主要载体，集聚一批银行、保险、担保、证券等金融机构，开展有关人工智能技术的知识产权质押融资业务，建立知识产权质押融资机制，形成质押融资风险共担的运营模式；开展专利保险试点工作，鼓励企业对人工智能核心专利加强保护。

附 录

附录 A　机构/企业名称缩略语对照表

缩略语	全称
ABB	ABB 瑞士股份有限公司（ABB schweiz AG）
ARM	ARM 有限公司（ARM Limited）
EPO	欧洲专利局（European Patent Office）
Facebook	脸书公司（Facebook Technologies，LLC）
IBM	国际商业机器公司（International Business Machines Corporation）
Imagination	成像技术公司（Imagination Technologies Limited）
iRobot	iRobot 公司（iRobot Corporation）
LG 电子	LG 电子株式会社（LG Electronics Inc.）
NTN	NTN 株式会社（NTN Corporation）
WIPO	世界知识产权组织（World Intellectual Property Organization）
阿尔特拉	阿尔特拉公司（Altera Corporation）
阿里巴巴	阿里巴巴（中国）有限公司
爱惜康	爱惜康有限责任公司（Ethicon Inc.）
安川电机	安川电机株式会社
澳西智能科技	青岛澳西智能科技有限公司
百度	百度（中国）有限公司
百度在线网络	百度在线网络技术（北京）有限公司
北航	北京航空航天大学
北京百度网讯	北京百度网讯科技有限公司
北京奇虎科技	北京奇虎科技有限公司

缩略语	全称
北京智行者科技	北京智行者科技股份有限公司
北京中科遥数信息技术	北京中科遥数信息技术有限公司
北邮	北京邮电大学
本田技研	本田技研工业（中国）投资有限公司
本田技研科技	本田技研科技（中国）有限公司
标贝科技	标贝（北京）科技有限公司
博恩思医学机器人	成都博恩思医学机器人有限公司
博科生物	山东博科生物产业有限公司
超越科技	超越科技股份有限公司
成都宽和科技	成都宽和科技有限责任公司
成都数联铭品	成都数联铭品科技有限公司
出门问问	出门问问信息科技有限公司
创新奇智（青岛）	创新奇智（青岛）科技有限公司
达观数据	达观数据（苏州）有限公司
道通智能航空	深圳市道通智能航空技术股份有限公司
电科院第四十一所	中国电子科技集团公司第四十一研究所
东莞市雄林新材料科技股份	东莞市雄林新材料科技股份有限公司
东芝	株式会社东芝（Kabushiki KaishaToshiba）
鄂尔多斯市普渡科技	鄂尔多斯市普渡科技有限公司
发那科	发那科株式会社（FANUC Corporation）
方德自动化设备	济南方德自动化设备股份有限公司
丰田汽车	丰田自动车株式会社（Toyota Motor Corporation）
富士通	富士通株式会社（Fujitsu Limited）
高通	高通股份有限公司（Qualcomm Incorporated）
高云	山东高云半导体科技有限公司
歌尔股份	歌尔股份有限公司
歌尔科技	歌尔科技有限公司
歌尔微电子	歌尔微电子股份有限公司
歌尔智能传感器	青岛歌尔智能传感器有限公司

缩略语	全称
格灵深瞳	北京格灵深瞳信息技术股份有限公司
共达电声	共达电声股份有限公司
谷歌	谷歌有限责任公司（Google LLC）
光大环保研究院（南京）	光大环保技术研究院（南京）有限公司
光大环保研究院（深圳）	光大环保技术研究院（深圳）有限公司
光大环境科技	光大环境科技（中国）有限公司
广东奥普特科技	广东奥普特科技股份有限公司
广东博智林机器人	广东博智林机器人有限公司
广东电网	广东电网有限责任公司
广东欧珀	OPPO广东移动通信有限公司
广东容祺智能科技	广东容祺智能科技有限公司
广微积电	西安广微积电科技有限公司
广州极飞科技	广州极飞科技股份有限公司
国电南瑞科技	国电南瑞科技股份有限公司
国浩传感器	北京国浩传感器技术研究院
国家电网	国家电网有限公司
国网江苏电力	国网江苏省电力有限公司
国网山东省电力	国网山东省电力公司
国网天津电力	国网天津市电力公司
国网智能科技	国网智能科技股份有限公司
国云科技股份	国云科技股份有限公司
哈工大	哈尔滨工业大学
海尔智能家电	青岛海尔智能家电科技有限公司
海康威视	杭州海康威视科技有限公司
海容汇创新科技	青岛海容汇创新科技有限公司
海特林自动化	烟台海特林自动化科技有限公司
海天智能工程	山东海天智能工程有限公司
海通机器人系统	青岛海通机器人系统有限公司
海信集团	海信集团有限公司

续表

缩略语	全称
海信视像	海信视像科技股份有限公司
汉王科技	汉王科技股份有限公司
杭州海康威视数字技术股份	杭州海康威视数字技术股份有限公司
黑龙江恒能自控	黑龙江恒能自控科技有限公司
洪锦智慧能源	青岛洪锦智慧能源技术有限公司
湖南老码信息	湖南老码信息科技有限责任公司
湖南威达科技	湖南威达科技有限公司
华戎信息	华戎信息产业有限公司
华为	华为技术有限公司
皇家飞利浦电子	英国皇家飞利浦电子有限公司（Koninklijke Philips Electronics N. V.）
英伟达	英伟达公司（NVIDIA Corporation）
汇顶科技	深圳市汇顶科技股份有限公司
惠昌传感器	常州市惠昌传感器有限公司
惠普	惠普发展公司（Hewlett-Packard Development Company, L. P.）
慧拓智能机器	青岛慧拓智能机器有限公司
霍尼韦尔	霍尼韦尔国际公司（Honeywell International Inc.）
极限元	中科极限元（杭州）智能科技股份有限公司
济南博观智能	济南博观智能科技有限公司
济南二机床	济南二机床集团有限公司
济南供电公司	国网山东省电力公司济南供电公司
济南火哨安全	济南火哨安全科技有限公司
济南金牛砖瓦	济南金牛砖瓦机械有限公司
济南科迈尔	济南科迈尔机械制造有限公司
济南蓝剑钧新信息	济南蓝剑钧新信息科技有限公司
济南浪潮高新科技	济南浪潮高新科技投资发展有限公司
济南赛尔无人机	济南赛尔无人机科技有限公司
济南舜风科技	济南舜风科技有限公司
济南芯乐智能设备	济南芯乐智能设备有限公司
济南翼菲自动化	济南翼菲自动化科技有限公司

缩略语	全称
济南钰成霖信息	济南钰成霖信息科技有限公司
济南重工	济南重工股份有限公司
江苏泰隆减速机	江苏泰隆减速机股份有限公司
金红鹰工业自动化	无锡金红鹰工业自动化有限公司
金山云	北京金山云网络技术有限公司
金钟电子	江苏金钟电子设备有限公司
京东方科技	京东方科技集团股份有限公司
晶正	济南晶正电子科技有限公司
精锋医疗科技	深圳市精锋医疗科技股份有限公司
精工爱普生	精工爱普生株式会社（Seiko Epson Corporation）
景嘉微	长沙景嘉微电子股份有限公司
九阳	九阳股份有限公司
康耐视	康耐视股份有限公司
康威通信技术	康威通信技术股份有限公司
柯惠	柯惠有限合伙公司（Covidien LP）
科大讯飞	科大讯飞股份有限公司
科文传感器	常州市科文传感器材料有限公司
旷视	旷视科技有限公司
兰道尔空气动力工程	青岛兰道尔空气动力工程有限公司
浪潮电子信息	浪潮电子信息产业股份有限公司
浪潮集团	浪潮集团有限公司
浪潮人工智能研究院	山东浪潮人工智能研究院有限公司
浪潮软件	浪潮软件股份有限公司
浪潮商用机器	浪潮商用机器有限公司
浪潮通信信息系统	浪潮通信信息系统有限公司
浪潮云信息	浪潮云信息技术股份公司
理光	株式会社理光（Ricoh Co., Ltd.）
联发科	联发科技股份有限公司（MediaTek Inc.）
领能	山东领能电子科技有限公司

缩略语	全称
罗伯特博世	罗伯特·博世有限公司（Robert Bosch GmbH）
美的集团	美的集团股份有限公司
美的清洁电器	江苏美的清洁电器股份有限公司
纳博特斯克	上海纳博特斯克传动设备有限公司
南大	南京大学
南京埃斯顿机器人	南京埃斯顿机器人工程有限公司
南京甄视智能科技	南京甄视智能科技有限公司
诺伯特智能装备	诺伯特智能装备（山东）有限公司
欧菲光集团	欧菲光集团股份有限公司
欧姆龙	欧姆龙株式会社（OMRON Corporate）
平安科技	平安科技（深圳）有限公司
苹果公司	苹果公司（Apple Inc.）
齐鲁医院	山东大学齐鲁医院
青岛安全工程院	中国石油化工股份有限公司青岛安全工程研究院
青岛博天数通	青岛博天数通信息科技有限公司
青岛供电公司	国网山东省电力公司青岛供电公司
青岛海尔	海尔集团公司
青岛海尔洗衣机	青岛海尔洗衣机有限公司
青岛海信移动通信	青岛海信移动通信技术有限公司
青岛海之晨工业装备	青岛海之晨工业装备有限公司
青岛慧拓智能机器	青岛慧拓智能机器有限公司
青岛鹏海软件	青岛鹏海软件有限公司
青岛锐擎航空	青岛锐擎航空科技有限公司
青岛邃智信息	青岛邃智信息科技有限公司
青岛塔波尔机器人	青岛塔波尔机器人技术股份有限公司
青岛信芯微电子	青岛信芯微电子科技股份有限公司
青岛银菲特	青岛银菲特精密机械有限公司
青岛云智海商	青岛云智海商信息科技有限公司
青岛中科软件	青岛中科软件股份有限公司

缩略语	全称
青特集团	青特集团有限公司
清华	清华大学
日本电产三协	日本电产三协株式会社（Nidec Sankyo Corporation）
日本电气	日本电气株式会社（NEC Corporation）
日本电装	日本电装株式会社（DENSO Corporation）
日本精工	日本精工株式会社（NSK Ltd.）
日本久保田	株式会社久保田（Kubota Corporation）
日立	日立株式会社（Hitach Ltd.）
日照人防智能	日照市人防智能科技有限公司
瑞典富世华	富世华股份有限公司（Husqvarna AB）
瑞声声学（深圳）	瑞声声学科技（深圳）有限公司
赛灵思	赛灵思公司（Xilinx Inc.）
三菱电机	三菱电机株式会社（Mitsubishi Electric Corporation）
三星电子	三星电子株式会社（Samsung Electronics Co., Ltd.）
矽睿科技	上海矽睿科技股份有限公司
山东阿图机器人	山东阿图机器人科技有限公司
山东爱城市网	山东爱城市网信息技术有限公司
山东安软机器人	山东安软机器人科技有限公司
山东奥太电气	山东奥太电气有限公司
山东佰测仪表	山东佰测仪表有限公司
山东超越数控	山东超越数控机械有限公司
山东电力电科院	国网山东省电力公司电力科学研究院
山东栋梁科技设备	山东栋梁科技设备有限公司
山东高速集团	山东高速集团有限公司
山东工大中能	山东工大中能科技有限公司
山东翰林科技	山东翰林科技有限公司
山东恒拓科技	山东恒拓科技发展有限公司
山东华芯半导体	山东华芯半导体有限公司
山东节能服务	国网山东节能服务有限公司

缩略语	全称
山东浪潮商用系统	山东浪潮商用系统有限公司
山东浪潮通软	山东浪潮通软信息科技有限公司
山东柳杭减速机	山东柳杭减速机有限公司
山东鲁能软件	山东鲁能软件技术有限公司
山东诺方电子	山东诺方电子科技有限公司
山东派蒙机电	山东派蒙机电技术有限公司
山东省电力经研院	国网山东省电力公司经济技术研究院
山东新竹智能科技	山东新竹智能科技有限公司
山东兴测信息技术	山东兴测信息技术有限公司
山东轩烨机器人	山东轩烨机器人科技有限公司
山东优宝特智能机器人	山东优宝特智能机器人有限公司
山东众阳健康	山东众阳健康科技集团有限公司
商汤	商汤集团股份有限公司
上海德衡数据科技	上海德衡数据科技有限公司
上海寒武纪	上海寒武纪信息科技有限公司
上海交大	上海交通大学
上海兆芯集成电路	上海兆芯集成电路股份有限公司
上海智臻智能	上海智臻智能网络科技股份有限公司
尚科宁家（中国）	尚科宁家（中国）科技有限公司
深迪半导体	深迪半导体（绍兴）有限公司
深鉴科技	四川深鉴科技有限公司
深圳大疆	深圳市大疆创新科技有限公司
深圳科蓝	深圳市科蓝信息技术有限公司
深圳前海微众银行	深圳前海微众银行股份有限公司
深圳市道通智能航空技术股份	深圳市道通智能航空技术股份有限公司
深圳市唯特视	深圳市唯特视科技有限公司
深圳市优必选	深圳市优必选科技股份有限公司
深圳云天励飞	深圳云天励飞技术股份有限公司
神思电子	神思电子技术股份有限公司

缩略语	全称
沈阳新松机器人	沈阳新松机器人自动化股份有限公司
盛品电子	山东盛品电子技术有限公司
时代试金试验机	济南时代试金试验机有限公司
双桥传感器	昆山双桥传感器测控技术有限公司
水木智芯	水木智芯科技（北京）有限公司
思必驰	思必驰科技股份有限公司
四川用联信息	四川用联信息技术有限公司
松下电工	松下电工株式会社（Matsushita Electric Works, Ltd.）
松下电器	松下电器产业株式会社（Matsushita Electric Industrial Co., Ltd.）
搜狗	北京搜狗科技发展有限公司
苏州浪潮智能	苏州浪潮智能科技有限公司
索尼	索尼株式会社（Sony Group Corporation）
腾讯科技（深圳）	腾讯科技（深圳）有限公司
天津光电通信	天津光电通信技术有限公司
天岳	山东天岳电子科技有限公司
拓尔斯	常州拓尔斯机电设备有限公司
万祥如光机械所	青岛万祥如光机械技术研究有限公司
威高手术机器人	山东威高手术机器人有限公司
威海北洋电气集团	威海北洋电气集团股份有限公司
威海华菱光电	威海华菱光电股份有限公司
微软技术许可	微软技术许可有限责任公司（Microsoft Technology Licensing, LLC）
潍柴动力股份	潍柴动力股份有限公司
沃德传动	沃德传动（天津）股份有限公司
五十铃汽车	五十铃汽车株式会社（Isuzu Motors Limited）
西门子	西门子股份公司（Siemens Aktiengesellschaft）
小狗电器	小狗电器互联网科技（北京）股份有限公司
小米	小米科技有限责任公司
芯福传感器	合肥芯福科技有限公司
芯敏微系统	上海芯敏微系统技术有限公司

续表

缩略语	全称
讯飞开放平台	科大讯飞股份有限公司
亚马逊	亚马逊技术有限公司（Amazon Technologies, Inc.）
烟台东方威思顿	烟台东方威思顿电气有限公司
依图	上海依图网络科技有限公司
易瓦特科技	易瓦特科技股份公司
银江股份	银江技术股份有限公司
英特尔	英特尔公司（Intel Corporation）
云从	云从科技集团股份有限公司
云知声	云知声智能科技股份有限公司
兆芯集成电路	上海兆芯集成电路股份有限公司
浙大	浙江大学
郑州云海信息	郑州云海信息技术有限公司
直观外科	直观外科手术操作公司（Intuitive Surgical Operations, Inc.）
智言科技	智言科技（深圳）有限公司
智洋创新科技	智洋创新科技股份有限公司
中孚	中孚信息股份有限公司
中国电科院	中国电力科学研究院有限公司
中国石油化工	中国石油化工股份有限公司
中国移动山东公司	中国移动通信集团山东有限公司
中国银行股份	中国银行股份有限公司
中国重汽	中国重型汽车集团有限公司
中国重汽集团济南动力	中国重汽集团济南动力有限公司
中科奥森	北京中科奥森科技有限公司
中科寒武纪	中科寒武纪科技股份有限公司
中科模识	北京中科模识科技有限公司
中科院计算所	中国科学院计算技术研究所
中科院自动化所	中国科学院自动化研究所
中石化	中国石油化工集团有限公司
中维世纪	山东中维世纪科技股份有限公司

续表

缩略语	全称
中星微	中星微技术股份有限公司
中兴通讯股份	中兴通讯股份有限公司
中冶南方工程	中冶南方工程技术有限公司
众创软件	中科众创软件（北京）有限公司
珠海格力电器	珠海格力电器股份有限公司
住友重机械工业	住友重机械工业株式会社（Sumitomo Heavy Industries, Ltd.）
淄博纽氏达特	淄博纽氏达特行星减速机有限公司
字节跳动	北京字节跳动网络技术有限公司

附录 B 术语缩略语对照表

缩略语	全称
AI	Artificial Intelligence（人工智能）
ASIC	Application Specific Integrated Circuit（专用集成电路）
CPU	Central Processing Unit（中央处理器）
DMTK	Distributed Machine Learning Toolkit（分布式机器学习工具包）
FPGA	Field Programmable Gate Array（现场可编程逻辑门阵列）
GPU	Graphics Processing Unit（图形处理器）
IPC	International Patent Classification（国际分类号）
NNP	Neural Network Processor（神经网络处理器）
NPU	Neural network Processing Unit（神经网络处理器）
PC	Personal Computer（个人计算机；个人电脑）
TPU	Tensor Processing Unit（张量处理器）
VPU	Video Processing Unit（视觉处理器）
VR	Virtual Reality（虚拟现实）